旷世奇才

吴秋辉

亡妄留巨眼与人看
萧萧风雨夜生寒面壁挑燈幽夜闌老作经生堂得
醉春馆傑軒說經後

马景瑞 著

山东城市出版传媒集团·济南出版社

图书在版编目（CIP）数据

旷世奇才吴秋辉 / 马景瑞著. — 济南：济南出版
社，2023.8
ISBN 978-7-5488-5456-2

Ⅰ.①旷… Ⅱ.①马… Ⅲ.①吴秋辉—传记 Ⅳ.
①K825.5

中国版本图书馆CIP数据核字（2022）第224025号

旷世奇才吴秋辉　**KUANGSHI QICAI WUQIUHUI**

马景瑞 / 著

出 版 人　田俊林
责任编辑　范玉峰　董傲囡　尹海洋
装帧设计　陈致宇

出版发行　济南出版社
地　　址　济南市市中区二环南路 1 号（250002）
总 编 室　（0531）86131715
印　　刷　济南新科印务有限公司
版　　次　2023年8月第1版
印　　次　2023年9月第1次印刷
成品尺寸　170 mm×240 mm　16开
印　　张　10
字　　数　85千字
定　　价　69.00元

（如有印装质量问题，请与出版社出版部联系调换，联系电话：0531–86131716）

序一

　　马景瑞先生曾任山东省临清市副市长，退休后仍然读书、写作不倦，并专注于研究临清历代著名文人的事迹和著作，阐发山东文人对中国文化的贡献。齐鲁书社出版的吴秋辉先生遗著《侘傺轩文存》和《侘傺轩说经》，引起了马景瑞先生浓厚的兴趣，从此全身心地投入对吴秋辉学术和生平的深入研究中。出于对马景瑞先生致力于国学文化事业的敬佩，作为吴秋辉先生的后人，我当尽自己的一点微薄之力，将我珍藏未发表的资料毫不保留地与马景瑞先生分享，以协助其研究工作。

　　马景瑞先生通读了吴秋辉先生遗著《侘傺轩文存》《侘傺轩说经》《吴秋辉遗稿》等全五册著作。三年多来，马景瑞先生呕心沥血，笔耕不辍，先后写出三十余篇精彩的评介文章。每篇文章，皆由马景瑞先生之女马桂君打字成文并发我邮箱，以求反馈，其治学精神令人称赞和敬佩。我认真拜读，诸篇文章不论是评介吴秋辉先生的学术著述，还是记述其生命历程，都写得很恰当，准确地反映了当年的历史情况，是对吴秋辉先生本人的真实写照。

　　《旷世奇才吴秋辉》一书，详尽记录和评述了吴秋辉先生的生平事迹，文笔流畅，细节生动，让一个百年前的历史人物跃然纸上，展现在读者面前。此书为世人阅读吴秋辉先生遗著《侘傺轩文存》和《侘傺轩说经》提供了难得的人文和历史资料，对于研究吴秋辉先生的学术思想具有珍贵的参考价值。我谨代表吴秋辉先生的后人，在此衷心感谢马老为此书的写作和出版付出的辛勤劳动，同时也对马老为弘扬山东源远流长的文化做出的贡献表示衷心的敬佩！

张东蕙（吴秋辉外孙女）

2022 年冬至

序二

　　我与马景瑞老师相识可谓是一种缘分、一件幸事。一切源于对临清学者吴秋辉的研究，当时我刚刚将"吴秋辉生平与学术研究"定为博士论文的研究论题，在吴氏后人的引介下，得以拜识已经为吴秋辉其人其学宣扬多年的马老师。由此一见如故，很快与马老师结成了忘年交，时常互通有无，交流研究心得。

　　马老师毕业于20世纪60年代的山东师范学院，有着深厚的文学功底。毕业后回到故乡临清，先从事人民教师工作，后转入政府部门，最后以临清市副市长的身份退休，为家乡文化教育事业的发展挥洒了无数汗水。即使退休之后，马老不为名，不为利，以对家乡纯真的爱，继续为临清的人文事业的发展发挥余热，令人敬佩。马老曾撰有《我所知道的季羡林先生》一书，该书以他和同村季羡林先生的往来书信为切入点，从一个晚辈后生的角度，将自己与季先生五十多年的交往史和所见所闻所感，浓缩在了数十篇文章里，感情真挚，文笔流畅，为我们提供了观察季先生的新维度，也在很大程度上提高了临清的知名度。再如其《往事琐忆》与《岁影拾零》，以散文形式将自己生命中所见所感，用细腻的笔法为我们缓缓勾勒而出，文风淳朴自然，内容引人共鸣。正所谓"大德必得其寿"，马老师虽已八十有余，依旧灵台清明，思维敏捷，笔耕不辍。如今又积数年之功，陆续撰成吴秋辉相关文章数十篇，涉及了吴秋辉成长、交游、性情、治学等方方面面，为宣传吴秋辉起到了很大的推动作用。

吴秋辉为清末民初山东临清学者，学识卓越，著述颇丰，其在世时与康有为、梁启超、胡适、夏承焘、栾调甫、张默生等不少著名学者有过交往。吴先生一生穷困潦倒而心系家国，箪食瓢饮而笔耕不辍，以弘扬经学为己任，以传承文化为志向，值得后人学习和尊敬。不过其多数著作直到近几年才得以出版，多未经系统整理和研究，故当前学界对其生平与学识了解不多。这不能不说是一种遗憾，也是我和马老研究和宣扬吴秋辉的重要原因。我研究吴秋辉更多是从学术的角度进行的，梳理其生平交游、提炼其治学方法、归纳其治学成就。目前已发表了《梁启超致吴秋辉之佚札考》《康有为复吴秋辉书始末考》《"识力横绝"的临清学者——吴秋辉生平与学术》《民国山左学者吴秋辉遗著考略》等多篇研究论文。每次写成前后，都请马老予以指导并提出宝贵意见。

马老对吴秋辉的研究，则多从文学的角度，从某一细节入手，以小见大，发掘吴秋辉的生平点滴和情感变化，从众多维度对吴秋辉进行描述，如吴秋辉的乡愁、爱国情怀、诗赞济南、朋友圈、故居、青少年时代、笔下的临清、逸事拾遗等。马老的这些文章我读过很多遍，给我的最大感触是文笔细腻生动，笔端常带感情，有很强的可读性。因此马老和我一老一少，一文学一学术的组合，可以说是相辅相成、相得益彰。

　　由于疫情影响与交通不便之故，数年来，我与马老仅有一面之缘。但马老豁达开朗，待人热忱，让人如沐春风，久久难忘。马老经常主动打电话询问我的近况，总是对我热情鼓励，正如当年季老鼓励他一样，这也使我能不断克服困难和懈怠，继续为发掘吴秋辉先生生平和学术成就而努力。一个人的价值所在，或许不能于其在世时立刻显现，甚或离世多年仍不得彰显，但时间和历史是最好的评判者，相信随着越来越多的学者对吴秋辉的关注和研究，其学识必将为更多人所熟知和认可。而本书的筚路蓝缕之功，定不可没。

刘迎秋于山东大学文史楼

2022 年 4 月

目　录

生平篇

旷世奇才吴秋辉

　　吴秋辉，原名吴桂华，自号偧傺生，1877 年农历八月初九日生于临清城区考棚街吴家老宅，1927 年 5 月 28 日卒于济南市西更道寓所，享年 50 岁。

　　吴秋辉聪颖过人，卓异不群。八岁入私塾受书，十几岁便以善写诗词闻名于乡里。后新学肇兴，考入山东省优级师范学校数理部，研究科学，凡理化、天算、史地诸科，触类旁通，极富科学头脑。毕业时考取官费留学日本，报的志愿仍是自然科学。如果不是因为盲一目而被取消了留学资格，说不定他会成为一名科学巨匠。

　　吴秋辉未能出国留学，便把心思、精力完全移注在经史上，一心一意要在国学上别有建树。他曾豪情满怀地说："吾将在古代文明史上开一新纪元，而在学术史上起一大革命。"（《吴秋辉先生事略》，见《偧傺轩说经》1078 页。本书引文中简称《说经》）从此他"闭户殚精，谢绝百事"，起居无时，饮食无节，历经数十年的艰苦生活。为研究国学，他自许慎以至历代汉学家的著作，均饱览无遗。他从《说文》追而上之，由钟鼎而甲骨，而古器物铭文的鉴赏，穷本溯源，凿险缒幽，益自砥砺。

　　吴秋辉生逢民国北洋政府时期，社会动乱，军阀连年混战。在战乱的年代，他以辛勤的努力，卓越的才华，写下了几十种开创性的学术著作。主要有：《楚辞正误》、《檀弓纠谬》、《渔古碎金》、《周易考略》、《中国文字正变源流考》（两卷）、《齐鲁方言存古》、《学文溯源》（五卷）、《学文溯源续编》、《石刻之始考》、《古文字》、《学海绀珠》（三十二卷）、《历代纪元考略》、《东楼琐录》、《艺苑撷华》、《艺苑杂述》、《艺苑杂抄》、《说经》（三十三卷）等。可惜天不假年，吴秋辉刚到知天命之年便故去了。临死之前，他自知不起，环顾著作未竟之稿叹息说："吾以数十年之精力研讨古籍，今方彻底了悟，著述未及一半而病入膏肓，岂非命耶！天之生我，果为何者？"由此可知，吴秋辉还有许多要写而未来得及写出的著作。

仅就吴秋辉的遗著来看，经学、史学、文字学、音韵学、甲骨文等无不涉猎，无不精研。可以说，他的每一部著作，每一篇文章，凡有所述，必言之成理，持之有据，证据确凿，义旨宏远，使闻者惊心，见者叹服，当时的学界很少有人是其对手。蜚声学界的大师梁启超，读过吴秋辉的《学文溯源》，不禁拍案叫绝，曾说："字字莫逆于心，欢喜踊跃，得未曾有。"1926 年收到吴秋辉的信和附寄的部分书稿，回信时更是由衷地赞誉："先生识力横绝一世，而所凭借之工具极笃实，二千年学术大革命事业，决能成就。"随后梁启超即派研究生兰文征等前来济南诚邀吴秋辉赴清华国学研究院任导师。如能成行，与赵元任、王国维、陈寅恪、梁启超四大导师共事，则吴氏之学当早为天下知也。南京博物院研究员、古文字古器物专家王敦化，当年曾在齐鲁大学受教于吴秋辉，他认为先师"学识之博大精深，为一生所仅见"。又说："治学数十年，遍视古今人物，可断言，前无古人，后无来者。"（张树材《先外祖吴秋辉先生逸事补》）毋庸置疑，吴秋辉是 20 世纪前期我国卓越的史学家、语言文字学家，是真正学养深厚的国学大师。

身为临清人，我对吴秋辉这位大学者却知之甚晚，也知之甚少，实为一大憾事。去年夏天我购得齐鲁书社出版的吴秋辉所著《侘傺轩文存》和《侘傺轩说经》两本书，读罢深深感到：吴秋辉学识博大精深，真奇才也。随后我又陆续搜集了一些有关吴秋辉的资料，读过之后更加深了这种印象。

我说吴秋辉是旷世奇才，是基于以下两点。

一、记忆超群绝伦

吴秋辉生前曾向友人张默生说起过，经他看过几遍的东西，无论是有系统条理的著作，还是零零碎碎的札记或是古玩器铭上的文字，他都能记得清清楚楚，历数十年而不易忘掉。张默生还利用一首生僻的七言律诗试验过吴秋辉的记忆力。读过一遍之后，吴秋辉只问了几个单字，立刻一字不错地把全诗背出来。张默生说吴秋辉写考证文章，在正文的夹缝中，添加了好多小注：见某某书、某某篇，或是某某古器物。但他的住室里，除了仅有几本破烂不堪的生僻书，并没有什么参考书。有一位学者不信，亲自跑去问吴秋辉，得到的答复是："你以为我的屋里没书，就不能作文章了，是不是？那你钻到大规模的图书馆里，你作的文章就应该像杜诗韩文，无一处无来历了。"那位学者羞得满脸飞红，讷讷称是。（张默生《现代学术界怪杰吴秋辉先生》）其女儿吴少辉在一篇文章中回忆父亲吴秋辉，写道："每年逢八月十五，我们晚上在院中摆上供桌敬神，这时父亲会让我们点诗词，长短不限。记得我点白居易的《琵琶行》，父亲顺手拿来一张黄裱纸平铺桌上，提笔写来，不曾停顿，写毕，我便一字一句对照，果真一字不差。在我的记忆中，父亲总是白天睡觉，晚上写作，提笔写时从不停下来，伏案至天明。家中无参考资料，父亲说他看过的书过目不忘，全记在脑子里。"由此可知吴秋辉的记忆超强超群，而他正是靠着这种别人难以企及的记忆力，才能在国学研究领域里融会贯通，多有创见。

二、识力横绝一世

这是梁启超对吴秋辉的赞誉之辞。我深感这赞誉恰如其分。吴秋辉因为才高，所以识远，能见别人之所未见，道别人之所不能道；因为识高识远，所以论述无不切中肯綮。吴秋辉超凡的识力，在其著作中随处可见。

（一）通晓古文字。吴秋辉说："人能识古字，然后能读古书，字之不识，书何由读。"（吴秋辉《学文溯源·自序》）又在致梁启超的长信中说："华于古文，幸少有偏嗜，粗能窥其崖略，因得无意中，洞见其症结，执是以推，有若干不可通处，皆得焕然而解。"比如《诗经》中《正月》一篇中的"天之杌我"，宋朝朱熹训"杌"为"动"，吴秋辉批其"大非"。他认为，"杌"字乃"扼"字之误。"厄"字古文作"𠨍"，本象形字，当时传本或偶有缺蚀，失其上端，遂沿袭而成"兀"字，而此字在别处无从考见。"厄"字本服马叉项之木，后引申以手叉人物之项而绝之，也称为"厄"，再后更加以手旁作"扼"。

"天之扼我"，正合诗意。

（二）熟识人情、物理、草木鸟兽之名。吴秋辉说，《诗经》"三百篇所言之名物，皆其时妇孺所与知，日常所习用者……迄今虽远隔两千余年，苟能即事物求之，尚不难于推知其崖略。"（《说经》706页）如《诗经》中"七月鸣鵙"之"鵙"，俗谓狄狄鵙（鵙，临清俗读如贝儿之合音），苍灰色，似雀而小，立秋前后飞来北方。《诗经》说它鸣于七月，正相吻合。俗儒谓此鸟为"伯劳"，或曰"杜鹃"，都是错误的。吴秋辉批评这类俗儒："虽有极显确之佐证在前，而彼亦目迷五色也。如定即臀，人之所共知也，而彼则曰，定非臀，乃额也。仇即怨仇之人，人之所共知也，而彼则曰，仇非怨家，乃良匹也。其如此者甚多。"（《说经》706页）他说自己"少贱多能，于事物之体象名称，亦稍能窥其崖略。故暇辄弄笔，取诗义之不合者，择尤而订正之"（《说经》263页）。

（三）深知古人假借之法。吴秋辉说："古文于同声之字多假借。不惟笔划之多者，时假作少者；即笔划之少者，亦时假作多者。"（《说经》27页）又说："古人之同音假借，必择其义之必不可通者而用之，以免人误会。因原文义不可通，故一见即可知其为假借也。后儒不谂其义，遇此等处，偏专于字面求之，又何怪乎其愈穿凿而愈不能通耶？"（《说经》80页）《诗经》中《式微》"胡为乎中露"，宋朝朱熹解释："中露，露中也。言有霑濡之辱，而无所芘覆也。"吴秋辉认为这种说法大错特错。他说此句中的"露"即"路"字之假借。中路，犹如俗话所说的前不归村，后不归店，无所归宿也。《诗经》中《江汉》"淮夷来铺"，朱熹解释"铺，陈也"。按此说法，"淮夷来陈"，殊不成语。吴秋辉说："'铺'字乃古文'篶'字，在此处本属借用，其本字则当从'戡'，攻也，在古彝器中习见之。'淮夷来戡'，犹云'淮夷来攻'。"（《说经》36页）因深知古人假借之法，吴秋辉考证《诗经》，遇有不可解之处，找出本字，则诗意自能豁然贯通。此种例子甚多，恕不一一列举。

（四）发现古文字的一些规则。吴秋辉说："见前人之非易，而己能别求其是难。"（《说经》25页）他考证《诗经》，之所以能推翻前人的"成案"，创见多多，就是因为他独具慧眼，见人所未见，发人所未发。

吴秋辉认为"古文姓多省女旁"，比如《诗经》中《桑中》"美孟弋兮"，他说"弋"本作忒，乃古时国姓。近日出土古彝器，载古之姓此者甚多，字皆作忒。省女旁之姓，还有"奶"常作"为"之类。

吴秋辉说："古人于字之偏旁无定位。"（《说经》552页）比如《诗经》中《常武》"王猶允塞"，他说"猶"即"猷"字，"古文偏旁，往往任意移易，凡字类然"（《说经》38页）。而从女之字，在春秋之前，十之九居右，后来则多半渐渐移至左边。

吴秋辉还说："古文于往来动作之词，往往随意加以辵（即"之"）字。"（《说经》25页）比如《关雎》"君子好逑"之"逑"字，乃求之繁文，与下文"寤寐求之"之"求"，意义相同。《毛诗故训传》解释"逑"为"匹"，显然是错误的。求之加辵，或以求有往就之义，故特加辵以表明其有动作之意。再比如来字，本不从辵，而时或加以辵作"逨"。

吴秋辉还发现《诗经》中用的字，有不少"拼音字"。比如《芣苢》一诗中的"采采芣苢"之"芣苢"，是菲字的切音，而菲则为芣苢之合音，急读之则为"菲"，缓读之则为"芣苢"。古代各地语音不同，轻重缓急各异，芣苢，菲，实为一物，亦实只一名，至后世始改名叫莎草。莎草之茎叶可以编织器物，用途广泛，编成门户，就是扉；编成草鞋，就是屝；编成筐子，就是筐，等等，而且这种草容易采集，妇女到田间去拔这种草来编织日常用的东西，合乎情理。《芣苢》一诗"本以美后妃之不遗小善，故特以菲为喻。菲虽贱草，而其茎叶可以织物，有此一节之长，所以人知采之，犹后妃之择善，苟有可取，必不肯以其微细浅近而忽之也"（《说经》192页）。前人将"芣苢"训为车前子，不合诗意，也不合情理。因为车前子之籽粒很小，仅如罂粟，虽终朝采撷，亦不易盈掬，更别说"薄言袺之""薄言襭之"了。

吴秋辉自信地说："后之君子，执余说以求之，则于读诗之道，必能事半功倍。而旧说之不足信，亦将了然如指上螺纹，必不消余为诬谩前人也。"（《说经》124页）我对吴秋辉的话深信不疑。今年是吴秋辉逝世九十周年。我想，对他最好的纪念，就是认认真真地读他的书。

（原载2017年5月6日《联合日报》）

吴秋辉故居

　　吴秋辉故居坐落在临清城区考棚街东首路南吴家胡同内。考棚街，一条东西长约四百米、南北宽不足三十米的小街，因清代在中段路北设有供四县生童应试之所的考棚，在远近县乡颇有名气。这条小街，北面靠近元代运河，东头临近明代运河，当年漕运兴盛之时，船工拉纤的号子声，吴家人站在院子里便清晰可闻。吴秋辉幼时，经常跟随大人到运河边游玩，看来来往往的帆船，看弯腰躬背费力拉纤的纤夫。运河两岸处处留有他稚嫩的脚印。

　　去年秋天和冬天，我曾两次参观吴秋辉故居。秋天去时，因是第一次，不熟悉，我约了市博物馆馆长魏晖、临清胡同研究专家刘英顺一起去。冬天那次，是陪吴秋辉的外孙女、现居西安的张东蕙女士去的。吴秋辉故居里现居住着吴秋辉侄孙吴宾柔先生，也已是古稀之年，耳聋，交流十分困难，只能笔谈。因此，两次他都打电话叫来他的大儿子吴磊。

　　我站在小院中，时时提醒自己：这可不是一个普通平常的小院，旷世奇才吴秋辉就诞生在这里。我仔细打量着小院，这是一个不大的四合院，正房是三间西屋，起脊挂瓦，前出宽檐，有明柱，有走廊，北头带有两间耳房，西屋南头是两间厨房。也许是久经历史风雨浸润的缘故，看上去，显得沧桑与厚重。北房、南房各是三间平房。东边街门现为两扇铁门，远不是从前的模样了。据吴家人说，原来东边街门是门楼，起脊挂瓦，两扇厚厚的大门，高门槛儿，门楼两边有门墩，很是气派。平时只走北侧门，遇有婚、丧、嫁、娶，或逢年过节，才打开两扇正门。据记载，门楼北边花墙下种有一棵名贵的西府海棠，春天花开时，绽开的花朵呈粉红色，还没有绽开的骨朵呈鲜红色，粉红与鲜红，纷纭交错，煞是好看。可惜20世纪40年代初，因为院墙倒塌被砸死了。门楼的南边是一棵枣树，结长长枣，又脆又甜，后来长疯了，不结枣了，便刨掉了。

东边门楼直对三间正房西屋。西屋有五层台阶，在廊下种有一棵石榴树、一棵枸杞树。吴秋辉在《侘傺轩说经》一书中曾说到这棵枸杞树："余家有一枸杞甚茂，后不知何处来一豆虫，不二日而叶几尽，知豆虫初不专食禾稼之叶也。"吴家后人说，这棵枸杞树高一米五左右，树冠直径有二三米，枝杈很多，像一把大雨伞，一年能结不少枸杞子，可惜那时不知它的用途，白白烂掉了。这里的石榴树和枸杞树，后来是自己死掉的还是家人砍伐的，现在已没人能说得清楚了。另据吴秋辉的女儿吴少辉写于1928年的一首诗"厦屋积书是吾家，前院古槐栖暮鸦。日念诗书三五页，闲时窗前剪纸花"可知，院中当年还有一棵古槐，现在也难觅其踪影了。

这个小院是吴家老祖宗置办的。吴家人都知道，他们的老祖宗是从安徽迁过来的，有二百多年了。当初是干手工业的，后来也经商，出租土地，出租房产，日子过得殷实。吴家原有一部家谱，可惜"文化大革命"中毁掉了。

清朝光绪三年丁丑（1877年）八月初九日，吴秋辉就出生在正房三间西屋内。"是岁生肖属牛，故先祖特赐小名曰大壮。"（见吴秋辉《思旧录》）后来长大，读私塾，结婚，生儿育女，住的也是这三间西屋。我心中一直有一个疑问，吴秋辉左眼盲，是天生的还是后天得病所致？吴家后人告诉我，吴秋辉一岁时感染麻疹，治得快好了，大人抱着他到大街上玩，误食蚕豆，引发眼疾，把一只眼睛"攻"瞎了。世上竟有这等怪事！老天既然给了他天才的头脑，却又让他盲一目，岂有此理？！太不应该了！

吴秋辉故居，格局变化并不大，只是细微处面目全非了。特别是吴秋辉居住多年的正房三间西屋，已经十分破旧，房顶露了天，岌岌可危了。我站在庭院里，望着破败的房屋，耳畔仿佛有吴秋辉的话语声在回荡，眼前仿佛有吴秋辉的身影在晃动。我猛然感到，作为后来人的我们，既没有认真继承他的文化遗产，又没有保护好他的故居，真是太对不住为祖国传统文化做出巨大贡献的吴老先生了。

　　同去的市博物馆馆长魏晖说："市里已把吴秋辉故居定为市级保护单位，只是目前市财政还拿不出钱来维修。不过，因为临清运河段已列录为世界历史文化遗产，上级有关部门正着手组织力量，要把整个临清中洲区域的街巷房屋进行整修。吴秋辉故居自然也包括在内。"我听了，心里倍感欣慰。我盼望吴秋辉故居尽快修葺一新，以便供本地与外地的访者前来参观、瞻仰！

吴秋辉的青少年时代

吴秋辉的青少年时代，是在故乡临清度过的，他经历坎坷，故事多多。

他8岁入塾受书，稍识文字，便对文学产生了兴趣，他不以功名为念，不习八股文字，却酷喜辞章。他因偷看闲书，常常挨塾师的打，以致后来回忆起此事，仍愤愤不平。他曾对友人张默生先生说："小孩子初蒙读书，就硬叫他读四书五经，这种老师，简直是该打。"说到自己小时候因偷看闲书而挨了老师许多次打，他认为这种蛮不讲理的老师，生前作下这种弥天大罪，免不得死后叫他到阎王面前，去尝尝刀山剑树的滋味。可见他对当年塾师的行为深不以为然，是非常反感的。

因为少无适俗之韵，不以帖括（科举考试文体之名）为事，不喜欢也不练习八股文，17岁应童子试，答题并不知有"钓伏渡挽"，自然便名落孙山了。后来入学食饩，成为廪生，"设策强制，以半月之力为之者，盖八股与词章原本相通，特其法度稍涉繁难耳"（《致梁任公书》）。然终不肯为举子业，20岁以后，与好友杨秋屏一起去济南应试，"再击不中"。他在《哀歌行赠杨秋屏》一诗中曾写到此事："去岁相将赴济南，甩搏青霄翥鸾凤。应场连辔竟成虚，惜乎一击皆不中。"看来他走科举之路是走不通了。

但他的诗词写得好，十几岁就闻名乡里。吴秋辉遗留下来的诗稿，经过考证，已经确知是他20岁以前所创作的诗词，有《晓过土山》《南水关即事》《见梨花》《甲午重九登舍利宝塔》《旅夜》《感事》《德州途中》《夜卧》《武城晓发》《重到南馆陶》等多篇。这些诗篇格调高，诗意浓，韵味长，写得老到、老练，耐人寻味。他本人对自己创作的诗词也很自信，在《哀歌行赠杨秋屏》一诗中曾写道："少年狂态如醉梦，自谓清词凌屈宋。捷捷余子目全无，惟许君才相伯仲。"

说到吴秋辉青少年时代的聪明才智，还有一件事需要特别提及。吴秋辉的外孙张树才先生在《有关〈吴秋辉先生事略〉的几点说明和补充》中写道："光绪十六年，族人欺其家中无长丁应门，谋欲蚕食其产业而兴讼。先外祖时方十四岁，无计入衙抗辩。乃伺于道，候知县出行时，当街拦轿陈辞。辩析精严，仪态万方，侃侃而谈，俨然一副成人风范。知县讶其才情，乃善慰之。严斥族人欺诈弱童，决以日后永不得兴讼。自是乡里皆对其另垂青目。"这一段故事虽无原始文字资料为证，但吴家人多年口口相传，引以为荣，想来是可信的。

吴秋辉曾任过临清运河钞关关吏。临清运河钞关始建于明代宣德四年（1429 年），下设尖冢、樊村厂、魏湾、南水关、北桥、南馆陶、武城、德州等分关（亦称税局）。万历年间，临清钞关曾年征收船料商税银十一万七千余两，居京杭大运河八大钞关之首，可以说，临清钞关设关最早、闭关最晚、延续历史最长、贡献最大，在全国是很有名气的。吴秋辉在其诗作《夜雨》的小序中写道："回忆弱冠前为关吏时，乘小舟赴德州，中途遇雨景象，宛然在目。"他在临清钞关（共有职员 278 名，其中书办 17 名）任书办，曾到过下设的尖冢、樊村厂、南水关、北桥、南馆陶、武城、德州等分关调查了解情况，留下了诗篇。他对《武城晓发》一诗中的"冯妇无颜又下车"注云："余聿缺，已于丙申春告退，今又随弟往德州，故云。"丙申即 1896 年，这一年吴秋辉 19 岁。由此可知，他在钞关干的时间很短，约为一年。科举之路走不通，为养家糊口，他只好"一事无成学抱关"（诗作《感事》中诗句），可一经实践，大材小用，很快便干不下去了。我想，这也许就是吴秋辉为钞关关吏仅仅一年的根本原因。

吴秋辉青少年时代是富有生活情趣的。他在《侘傺轩说经》一书中曾记述了这样一件事："今按，菼即世俗所称之大碗花也。蔓生，叶细碎，其花近似牵牛，做喇叭状，北地田野多生之。其瓣皆单式者，唯其草有一种特性，世传于五月五日日未出前，在田野取其草，由门前羊沟内，输入家中植之，则其花变复式者，号转种菼。余试之良然，此真物理之不可测者。"出于好奇，连这种小小的花事他也要试一试。由此可以看出他热爱生活、兴趣广泛的真性情。闲暇时间，自己或同友人一起，经常游览舍利宝塔、土山及其观化亭，还有净宁寺、永寿寺等景点，并与友人以诗词唱和、背诵曲词为乐，因此他的诗中有"古今滔滔悬舌底，笔阵词源纷错综"之诗句，可见他的生活是丰富多彩的。

青少年时代的吴秋辉有抱负，志向远大，他曾写有一首《述志》诗：

虚度韶华二十春，
生平余悲肯因人。
箪瓢自信颜回乐，
薪水敢向子路贫。
贤达自应多坎懔，
英雄几个老风尘。
终当一试经纶手，
先上九霄醉日轮。

可惜他空有卓越的天才、远大的抱负，却无处施展。此时恰逢新学肇兴，24 岁的吴秋辉遂赴济南投身优级师范学习科学去了。

（原载 2019 年 4 月 20 日《联合日报》）

优级师范读书片段

清朝光绪二十七年，即 1901 年，清政府开始推行所谓新政。9 月 14 日正式诏令各省书院于省城的，均改设大学堂，各府厅及直隶州的书院均改设中学堂，各州县的书院均改设小学堂。济南的泺源书院于这一年的 11 月 16 日改设为山东大学堂，这是中国最早的一所省立大学。该大学附设有师范馆（山东优级师范学堂前身）。吴秋辉就是在这一年报考师范的。

吴秋辉报考的是师范数理部。据张默生所著《现代学术界怪杰吴秋辉先生》一文介绍，和吴秋辉一块去报考的伙伴（临清有黑午桥、沙明远等人）知道吴秋辉酷喜诗词、小说，私下里议论，料定他必定报考文史部。他听到了伙伴的议论，为了使其揣测落空，偏偏报考了数理部。想来此说应该是张默生当年听吴秋辉亲自言说的，因而是可信的。不过，据吴秋辉《上大总统请修明经学书》中说："桂华生当帖括之时，少即不甚以帖括为事，词章考据在海岱间薄具微名。适学制变更，即尽舍其旧日之所学，专从事于……气象、化电、声光、汽热、算术诸科，以期有以自见，上雪儒者空疏之耻。"我想，这恐怕才是吴秋辉报考数理部的真正目的。至于前说，虽也可信，只不过是一时赌气，是一个表象。

因为是刚刚开办新学，报考的学生年龄偏大，大多数都二十多岁了，有的还留起了胡须，显得颇为老成持重。这些学生在家已结婚生子，孩子大的已有七八岁或十来岁了。他们之中有不少廪生，也有几个秀才、举人，都觉得自己肚子里墨水不少，是饱学之士，相互之间瞧不起，谁也不服气谁。

　　在山东优级师范学堂读书的八年中，吴秋辉更是特立独行，与众不同，不过，他成绩优异，折服了师长和同学。张默生通过调查了解，在《现代学术界怪杰吴秋辉先生》一文中写有以下几件事，令人过目不忘。

　　平时学习，其他同学都是遵照学科的程序，按部就班地读写温习，吴秋辉却不然，对课程不理不睬。白天把床吊在屋梁上偷偷地睡觉，夜间同学们就寝后，他则燃起灯火读诗文。当时办学的人，是不肯得罪学生的，往往睁一只眼闭一只眼，任凭吴秋辉犯规。同学们却看不惯他的这种反常行为，打算"鸣鼓而攻之"。是他的天才救了他。

　　吴秋辉的功课，一年分为四季来处理，就是平时所讲的功课，不管不顾，等到季考或期考，他便以几昼夜的苦功，考入前几名。最惊人的一次，是学校考试三角，他急忙问同班同学老师讲到什么地方了。这位同学告诉他之后，禁不住窃笑。这种窃笑，被他听到，他立刻郑重其事地公开说："这门功课，我要倒着演习下去。"他说了这种大话以后，就立刻实行。一面演习当前的题目，一面翻检前边的公式，他倒着演了一遍，又正着演了一遍，居然被他做通了。这还不算奇怪。当考试的时候，老师出的题目也奇怪，就是根据若干条定理，另创作一条定理出来。一时全班同学都作了大难，他们心想，老吴恐怕也没有办法吧。过了几天，老师来班上报告考试的结果，开头便说："前几天的题目，你们全错了，吴秋辉也错了，不过他错也错得有道理。"从此以后，谁也不敢小看他了。

　　吴秋辉关心时事政治，在读优级师范三年级期间，看到报纸上载有一日本人盗买山东济宁武梁祠画像石刻一事。此人不服处罚，横生枝节。他无比愤慨，与同班同学曹学海、王士楷一起给当时的抚帅大人写了一封长信，陈述自己的看法，并请求"持法彻究并妥筹善后办法，以杜觊觎而振国权"，表现出强烈的爱国情操。

　　前面说过，吴秋辉学数理并不很用功，他的主要精力还是放在攻读诗文上。但他天才卓越，虽用时甚少，但成绩斐然，期间竟写出有关算术的两本通俗读物，一是《算法正宗》，二是《算法易解》，可惜书稿没有保存下来。毕业时，他报考赴日官费留学生，报的志愿仍是数理科，考试成绩合格，被录取了。万万没有想到，提学司传见，因看他盲一目，认为有碍国际观瞻，便把他的留学资格取消了。我不禁想到，如果当年吴秋辉能留学日本，在数理专业一显身手，说不定会成为一位卓越的科学家！造物弄人，实在是没有办法的事。

优级师范学堂毕业，拿到毕业文凭，吴秋辉百感交集。他曾写了一首《满江红·阅毕业文凭戏占》："十载学堂，只赢得空文一纸。更说甚，马科知县，牙科进士（前清学堂毕业奖以实官，故一时传有马科知县、牙科进士之笑柄）。化电声光成弃物，积微元代徒为耳。到头来还干旧营生，毛锥子（即毛笔）。弹铗叹，吹竽耻，安邑肉，胡奴米。问天涯何处，飘零如此。三试空怀温饱梦，一家难胜妻孥累。若有山可买，不归田，如江水。"看得出，这首《满江红》词中充溢着他对八年师范学堂求学的失意、失落、失望，因为并没有达到他预期的目的。

（原载 2019 年 4 月 30 日《联合日报》）

从临清走出的两位学界大师

1877 年农历八月初九，吴秋辉生于临清城区考棚街一个平民家庭。8 岁入塾读书，后新学肇兴，考入山东优级师范学堂数理科。1910 年毕业后，曾从事教学和报纸编辑工作。晚年致力于经史研究，写出几十种开创性的著作。1926 年梁启超阅读了他的部分著作，盛赞其"识力横绝一世"，并诚聘其为清华国学院导师。吴秋辉因身体有恙，未能赴任。近年来，随着他的遗著相继出版问世，越来越多的读书人称颂他为真正的国学大师。

1911 年公历 8 月 2 日，季羡林出生于临清城东四十余里的官庄一个贫穷人家。6 岁被叔父季嗣诚接到济南读书。1930 年考入清华大学西语系，毕业后赴德国留学十年，主要从事东方学的学习与研究。1946 年回国到北京大学任教，先后任北大东语系主任、北大副校长以及南亚研究所所长。晚年被国内外士林公认为东方学大师。

从 1917 年至 1927 年的十年间，吴秋辉与季羡林虽同在济南，但因年龄悬殊，二人并未交际，也不相识。不过，季羡林是知道吴秋辉的大名的。著名学者夏承焘先生在他的《天风阁学词日记》中有关于临清两位学界大师的记载："夕慕骞来久谈，谓张默生《逸行篇》《凌霄汉阁笔记》皆称山东吴秋辉为中国学术界之怪杰，著述甚多，于《诗经》尤多发明，毕业优级师范学校。此君予在京时曾访谈数次，时为民国十年，影像尚历历在目……羡林任北京大学东方语文学系主任，山东临清附近人。前天我问他临清吴秋辉先生的遗著，他说'少时知道这位老先生名气很大，有《诗经》《楚辞》的著作，去世后都未刊行，近况不详'。吴秋辉先生当年被称为中国文化界的'奇杰',梁启超很钦佩他。三十多年前,我在北京一家小客店里见过他两三次。他那时正在研究《诗经》,问起南方的荇菜,把'行'字画作菜叶的形状给我看。当时人传他狂怪兀傲,其实并不如此。我还记得他两句诗'十年往来济南道,只有青山似故人'。"(《夏承焘集》第7册,第1082页)这是迄今我所见到的唯一一则同时载有两位先生逸事的文字,很宝贵,特抄录于此。

经过多方面考察了解,深入学习他们的著作,我深知从临清走出的这两位大师,人生经历不同,性情也有别,比如吴秋辉生性狂怪,喜夜间读书写作,属于鸥鹢型;而季羡林则温良谦和,习惯于早睡早起,凌晨4点燃起北大第一盏灯,属于百灵型;但因都是学界翘楚,还是有不少相同相似之处的。现择其要者简述如下。

一、记忆超群绝伦

记性好,是一个人智商高的重要特征。两位大师的记忆力自然不同凡响。吴秋辉的女儿吴少辉在回忆文章中写道:"父亲说他看过的书过目不忘,全记在脑子里。"张默生在所著《现代学术界怪杰吴秋辉先生》一文中说:"经他看过几遍的东西,无论是有系统条理的著作,还是零零碎碎的札记或是古器铭文,他都能记得清清楚楚,历数十年而不易忘掉。"前不久,我摘录吴秋辉写作《侘傺轩文存》和《侘傺轩说经》两本书所涉及的前贤书目二百余种,其引文全凭记忆,信手拈来,恰到好处。这种记忆力,一般人是难以企及的。

季羡林留学德国,攻读博士学位,要读三个系,即主系梵文,两个副系,分别是英国语言文学和斯拉夫语言学,而斯拉夫语言学,不能只学一门俄语,于是又加一门塞尔维亚克罗地亚语言。同时要学四五门外语,没有超强的记忆力是办不到的。又据著名散文家卜毓方先生在《晚年季羡林》一书中所写,2006年11月1日作者去301医院看望季老,说起年轻人要背点古诗文,95岁的季老当场背诵起李密的《陈情表》、欧阳修的《秋声赋》、苏东坡的《前赤壁赋》,让在场的人无不惊奇、叫好。这些《古文观止》里的好文章,都是季羡林在少儿时代背过的,历经几十年而不忘。

二、重考据，不喜哲学

吴秋辉早年喜诗词曲赋，晚年重考据，注疏古代典籍，中年虽在山东优级师范学堂学数理学科八年，但他说："愚所谓科学，全属于物质的；若哲学、法政，则不承认之也。"（《致梁任公书》）他在批注《戴东原二百年生日纪念论文集》中也说："盖余生平固不承认哲学者也。若事物所具之理，止可谓之理而不得谓之哲学。"可知他是不喜欢哲学的。

季羡林则说得更明确："我禀性板滞，不喜欢玄之又玄的哲学。我喜欢能摸得着看得见的东西，而考据正合吾意。"

三、"继绝学"

吴秋辉以自己的聪明才智和深厚的学养功夫，精心研究《诗经》《书经》《易经》《礼经》《春秋》，并对前人的注疏做了精密的考订，使"千百年来不少陈陈相因的误解的滞碍，得以涣然冰释"（任继愈《侘傺轩说经·序》）。可以说，在中国古代典籍与古史的研究上，吴秋辉是"继绝学"的佼佼者，能出其右者少之又少。

季羡林留德期间，每天超负荷地运转，学习负担很重。他说，早已越过古稀之年的西克教授"以学术为天下之公器，想把自己的绝学传授给我这个异域的青年，让印度学和吐火罗学在中国生根开花"，"他提出了意见，立刻安排时间，马上就要上课。我是深深地被感动了，除了感激之外，还能有什么话说呢？我下定决心，扩大自己的摊子"（《留德十年》96—97 页，中国人民大学出版社 2004 年版）。据季羡林在书中介绍，吐火罗文残卷只有中国新疆才有。原来世界上没有人懂得这种语言，是西克和西克灵在比较语言学家舒尔策的帮助下，读通了的。他们三人合著的《吐火罗语语法》，蜚声全球士林，是这门新学问的经典著作。但是，这一部长达五百一十八页的皇皇巨著，却绝非一般的入门之书，而是异常难读的。它就像是一片原始森林，艰险复杂，歧路极多，没有人引导，自己想钻进去，是极为困难的。季羡林在西克教授的指导下，经过艰苦卓绝的拼搏，终于啃下了这块硬骨头，把吐火罗学到手，并带回中国，让其在中国生了根，自然也会开花结果的。1983 年季羡林解读在新疆焉耆新出土的吐火罗文残卷，1997 年 12 月完成吐火罗文《弥勒会见记剧本》的转写、翻译和注释工作，了却了平生的心愿。他是世界上仅有的精于吐火罗文的几位学者之一。

吴秋辉和季羡林两位大师，在各自的学术领域"为往圣继绝学"，这是一件了不起的事情，必将彪炳千古。

四、爱猫

吴秋辉爱猫的故事挺有趣，张默生在其所撰《现代学术界怪杰吴秋辉先生》一文中是这样记述的："他爱猫，他的猫也是一只眼睛，常常卧在他的胸上陪他酣睡。一次，我去访他，猫先警觉，站在他的肉胸上伸懒腰；接着他也醒来，动身坐起和我接谈。我为要他开心，就连连称赞他的猫。他笑着说：'我的猫果然不错，它确有相当的聪明；不过就是一只眼睛，不能到国外留学，得不着什么学位罢了。'"原来他是在本省优级师范学数理的，毕业考取了留学日本的资格，后因他盲一目，有碍国际观瞻，被提学司取消了留学资格。那天张默生一提到他的猫，所以他拿这话来解嘲。我从这个故事中看到吴秋辉爱猫爱到极致，不仅让猫趴在自己身上睡觉，而且视猫如知己，显示出他的赤子之心和率真性情。

季羡林爱猫，在北大传为佳话。季羡林说，白天他看书写作一疲倦，就往往到楼外小山下池塘边去散步，这时他的咪咪二世就跟在他身后，陪他散步，他走到哪里，猫跟在哪里。于是，小猫跟季羡林散步，就成为燕园的一景。我还见过一张照片，是季老仰靠在藤椅上瞌睡，他的一花一白两只猫趴在他怀里睡觉，戏称"三睡图"。他在《老猫》这篇散文中曾写道："我同虎子和咪咪都有深厚的感情。每天晚上，它们俩抢着到我床上去睡觉。在冬天，我在棉被上面特别铺上了一块布，供它们躺卧。我有时候半夜里醒来，神志一清醒，觉得有什么东西重重地压在我身上，一股暖气仿佛透过了两层棉被，扑到我的双腿上。我知道，小猫睡得正香，即使我的双腿由于僵卧时间过久，又酸又痛，但我总是强忍着，绝不动一动双腿，免得惊了小猫的轻梦。"写到这里，季老甚至想到："它此时也许正梦着捉住了一只耗子。只要我的腿一动，它这耗子就吃不成了，岂非大煞风景吗？"你看他为自己的爱猫想得多么周到！

回头想想，两位大师都深情爱猫，而猫也依恋着主人，其情其景，何其相似乃耳。

说到从临清走出去的吴秋辉和季羡林，临清人都感到无比自豪。2019 年农历五月二十八日，是吴秋辉仙逝 92 周年，公历 7 月 11 日，是季羡林谢世 10 周年。为了纪念这两位大师，我特写此小文，以寄托我衷心怀念之情。

未及赴任的清华国学院导师

清华大学国学研究院创建于 1925 年，1929 年停办，历时五年，时间虽短，名气却很大，可以说蜚声海内外。国学研究院由梁启超主持，执掌教鞭的四大导师，即梁启超、王国维、陈寅恪、赵元任，而吴秋辉则是一位未及赴任的导师。

这事说来话长。1926 年 10 月，吴秋辉在友人的再三劝说下，为谋求著作的出版事宜，给梁启超写了一封长信，主要述说自己的治学经历，并附寄了部分著作。梁启超见信很是高兴，他在复信中写道："忽奉大札，媵以鸿著多篇，其为快忭，岂有涯涘。先生识力横绝一世，而所凭借之工具极笃实，二千年学术大革命事业，决能成就，启超深信不疑。"并表示对吴秋辉著作的出版，"愿出全力负荷之"。这年冬天，梁启超又聘请吴秋辉为清华国学研究院导师，还派研究生兰文征等二人亲至济南敦促早日命驾。吴秋辉虽已应允，只是因为身体有病，未能赴任。

还有一种说法，说是吴秋辉研究学问的一套工具，他的一些学术观点，许多是和别人不同的，难以为世人接受。因此，他尽管生活窘迫，却对清华国学研究院的聘请，不为所动，而是婉言谢绝了。既然"谢绝"，也就没有"赴不赴任"之说了。两种说法，孰是孰非，因当事人均已谢世，又没有文字留存，实难决断。我是相信前一种说法的。其依据有二：一是《吴秋辉先生事略》一文中有"先生已允受聘，不意竟归道山。此节史实，信而可征"之语句；二是任继愈先生在为《侘傺轩说经》所写序言中曾说："吴先生曾受清华大学之聘，正打算赴京讲学，惜因病未能成行。"两处文字都写得恳切明白，说明吴秋辉是应允了清华国学研究院聘请的。因此，说吴秋辉是未及赴任的清华国学研究院导师，并非过论。

最近，我看到一份资料，说吴秋辉是清华国学研究院的"候补"导师。我觉得，这个说法不够确切。查《现代汉语词典》，对"候补"的解释是："等候递补缺额。"从清华国学研究院派专人来济南敦促吴秋辉早日命驾一事来看，既没有"等候"之意，更不存在"递补缺额"之说，如果吴秋辉不是身体有病，赴京上任就是实实在在的国学研究院导师了。

临清一位文友闲谈中曾问：吴秋辉真有四大导师那么高的水平吗？我的答复是：有过之而无不及。虽然没有什么实际的接触交往，以梁启超这样的大学问家，1924年春夏间读到吴秋辉的《学文溯源》一书，1926年10月收到吴秋辉的长信与部分著作以后，便给予"字字莫逆于心"和"识力横绝一世"的崇高评价，并作出聘请吴秋辉为国学研究院导师的决定，这充分表明梁启超服膺吴秋辉博大精深的学问，并对其十分激赏和叹服。下面再说说两位顶级学者胡适、康有为对吴秋辉的态度和评价。1922年10月，胡适来济南参加教育会议，曾请济南教育界人士吃饭，他在日记中写道："席后闲谈甚久，于丹绂（明信）说，此间有一位吴秋辉先生，说周公封于鲁，不是曲阜，乃是河南的鲁山附近。他有金石可证。此说与我相合。当访问此君一谈。"（摘自2017年4月9日《齐鲁晚报》魏敬群《国学怪才吴秋辉》一文）看得出胡适是欣赏吴秋辉的。1924年胡适来济南讲《诗经》，礼遇甚隆，动静颇大，全城遍贴海报，预先发售门票。吴秋辉闻悉，于胡适讲《诗经》的前一天晚上，找到他下榻的津浦大旅馆，二人单独晤谈约两个小时，吴秋辉辞出，胡适立即决定取消演讲，并嘱咐旅馆订回京的火车票，于翌日清晨便乘车返京了。胡、吴二人谈话的具体内容不得而知，但肯定与《诗经》有关，而世人咸知吴秋辉于《诗经》的造诣非比寻常，胡适绝非对手。他为保全面子，知趣地取消了演讲，一走了之。康有为应约于1925年游学济南，原期以五日为学界讲经，颇为轰动。从第二日开始，吴秋辉便与之展开公开的学术论辩。没过几天，康有为便被吴秋辉的雄辩所屈，败下阵来，匆匆离去。大概康有为意识到对手不是平庸之辈，纠缠下去没有好处吧。后来二人又有书信交往，内容也属学术论争问题，吴氏后人现存有《与康南海论〈尚书〉真伪书、附答书》《再致康南海书》等。康有为回信中曾写下如下文字："秋辉仁兄，承惠书谈经，空谷足音，闻似人者而喜。不意大乱尚有其人抱遗经而究终始也。欢喜不任。""足下真好学深思之士也。"由此可知，康有为对吴秋辉的才学也是赞许有加的。

我曾设想，如果当年吴秋辉身体安然无恙，赴京上任清华国学研究院导师；如果老天眷顾他，让他活到耄耋之年，完成他谋划好的古代经史的研究计划，"在古代文明史上开一新纪元，在学术史上起一大革命"，那该多好！

（原载 2018 年 3 月 31 日《联合日报》）

解读吴秋辉的狂怪

才学过人的国学大师吴秋辉，因其寿命短暂（只活了 50 岁），又偏安山东，囿于一隅，因此生前名声不显，时人不识。辞世五十年之后，随着《佺僳轩文存》（本书引文中简称《文存》）《佺僳轩说经》等遗著相继问世，他在古代经书典籍研究上的卓越贡献，正逐渐被有识之士所了解，所称颂，所崇拜。与此同时，载有他为人狂怪的珍贵资料也被挖掘出来，为人所津津乐道。

1935 年编撰的《临清县志》，这样评述吴秋辉："为人貌寝又不修边幅，而天才卓越，目空千古，视时辈蔑如也。"简略的几笔勾勒，吴秋辉狂怪的形象便跃然纸上。其时吴秋辉刚刚故去七八年，县志的编者，多数与他年相若，人相识，想来所言不虚。

著名学者张默生（1895—1979），曾称吴秋辉为良师，与之交往甚密，知之甚深，所著《现代学术界怪杰吴秋辉先生》一文，其中写到吴秋辉的相貌怪、性情怪、所发的言论也怪，写得细微具体，形象生动，活灵活现。比如写其相貌怪："是一个像干姜般的老头儿。下颏上生着历历可数的几根髭须，又粗又硬，一律向外挺着；只有一只眼睛，而且特别小，但是锐利有光，令人几乎不敢逼视……"读了这些文字，虽时隔近百年，仍如见其人。不过，我想，相貌乃父母所赐，本人无法选择，与其才学之高下也并无关系。

又比如写其性情怪，写他邋遢，"衣服最不入时，而且污秽肮脏"，住室"摆着四五个溺盆，这个满了用那个"，"窗户糊得严密密的"，"五味俱全"；写他昼伏夜作，"每天下午六时以后起床，八时以后吃饭"，深夜时才开始读书或写作。夜间"从不睡觉，据他自己说，已经五年没见过太阳了。他自己题像赞，有'不知是人是鬼'之句"。从这些文字可以想见吴秋辉不拘小节，率性而为，是一个特立独行的人。他慵懒邋遢，与他长年一个人在外糊弄过活不无关系。他昼伏夜作，属于夜型人，俗称"夜猫子"。有这种习性的人并非个例，不足为怪。

按张默生文章所写，吴秋辉所发的言论怪，主要表现为以下三个方面。

一是"好骂人，不管是谁，一不当意就骂"。张默生写道："有时我去访他，他什么闲话都没有，迎头便抓住一个学者来横施攻击，不管是古人，是今人，一律赏给他们一顿'无情棒'。"从这里看出，吴秋辉骂的对象是学者，骂的原因并非有怨有仇，而是"不当意"，即对学者的谬误看不下去，禁不住要骂。他的骂，不是辱骂，不是谩骂，而是有理有据的批驳，只是有时不免带些嘲讽罢了。他的骂，也显示了他为人的耿介，不同流俗。他研究《诗经》，写下洋洋七十万言的皇皇巨著，往往为一字之订正，一事一物之考证，旁征博引，费尽千言万语。其中，他对前人训释的错谬，比如毛氏（毛亨、毛苌）胡乱解释《诗经》字义，《尔雅》作者和东汉郑玄《诗笺》妄改《诗》中之字，东汉许慎《说文解字》所收之字之离奇纰缪，宋朝朱熹注释《诗经》之凭空捏造，等等，均痛加挞伐，严厉批驳，毫不留情。他曾感慨地说："乃《诗》自一般陋儒妄加笺注后，绝妙好词竟一变而半成支绌不通之语，……岂非诗学之大厄乎！"（《说经》7页）我读《说经》，每每为他石破天惊的独到见解而拍案称奇，为他把陋儒的错误注疏批得体无完肤而叫好。

二是反对一般读书人"动辄著书立说"。他常说："近年来，不管什么人就要著书，他们著的什么书呢？他们也配著书！像我吴某，才可以著书呢。"乍听起来，这种言论何等狂妄！也只有吴秋辉说得出口！他是旷世奇才，记忆超群绝伦，学识博大精深，他的每一部著作，每一篇文章，凡有所述，必言之成理，持之有据，证据确凿，义旨宏远，使闻者惊心、见者叹服，可以说别人望尘莫及。他说这个话，是完全有资格的，也完全符合实际情况。我还想到，他这个话说得也很有道理，十分到位。一个人如果没有什么高见、独见、创见，没有什么新意、深意，只是东抄一段，西抄一段，勉强拼凑成书，白白浪费资源，白白耗费自己和别人的宝贵时间，有百害而无一利。就连一般读书人奉为金科玉律的《尔雅》和《说文解字》两本书，在吴秋辉看来，也是作用不大，危害不小。他说："究之《说文》《尔雅》二书出，不啻为《诗》添两重魔障。世间真能读书者有几？而秦前之书，其存者又复有限，人但稽诸注疏既如彼，求诸二书又如此，则终身在醉梦中矣！余谓天生二书，乃正以与古诗人为敌，非过论也。"（《说经》18页）

三是反对师承，自称"无师"。吴秋辉曾说："孔子无常师，我则无师。"他故作这种惊人之语，并不是说自己先知先觉，生而知之，也不是说他没有名义上的老师，只是说没有可以给他传道解惑的人。考察他的学历，少年时入私塾，进县学，"即不甚以功名为念"，而是"酷喜辞章"，"于八比（即八股文）转而不习"，因此，对老师的讲授听不进去。青年时投身山东优级师范，"习科学者八年"，也是白天上课时睡觉，晚上看"闲书"，考试前临时抱佛脚，突击几天学业，直至毕业。可以说，他深厚的国学知识都是靠艰苦的自学得来的。

张默生说："因为他自己无师，他也不愿意给人作师，更不愿意人家无端地称他为师。他认为中国的学术，完全毁于师承。"吴秋辉的这种说法，虽不免有偏激之嫌，却也不无道理。中国历来讲师道尊严，老师的教诲，学生理应铭记并遵守，并要亦步亦趋，不能越雷池一步。如果见解不同稍有异议，便被视为对老师的大不敬，甚至被逐出师门。吴秋辉曾说："此谬种之流传，所以亘二千余年而无由矫正，而经书所传之古义，其能昌明于世者，几于十不得一也。"（《说经》254页）所以，他主张中国的读书人，应铲除奴性，恢复自我，有独立见解，不要怕被骂为怪诞。我觉得他的这一论断，切中时弊，振聋发聩，引人警醒。他写过一首诗，名曰《醉书〈佗傺轩说经〉后》："潇潇风雨夜生寒，面壁挑灯向夜阑。老作经生岂得已，要留巨眼与人看。"我以为，吴秋辉"要留"的"巨眼"，就是眼光，就是独到的见解，这是足可烛照当下的。

有趣的是，吴秋辉宣称"无师"，可他在师范读书时的一位业师，对他却佩服得五体投地。张默生是这样描述的："如果在宴会之际，有人说到吴老的坏处，他竟拂袖而起，悻悻而去；或是大发脾气，把桌掀倒，当场给你一个没脸。这位先生，是前清的进士公，博学多闻，尤其长于词章，在本省是有相当名气的。他是吴老的先生，年龄比吴老大得不少；但是一提到吴老，他便肃然起敬，立刻就替吴老传起道来。"（见《现代学术界怪杰吴秋辉先生》）这算是民国学界的一段佳话吧。

吴秋辉所发上述之言论，常被某些人视为狂言怪论。他自己有时也说："余之为此言也，骤聆之，当莫不以为狂易。"（《说经》3 页）而在我看来，实是伟论、宏论、高论、不刊之论。即便有些狂气，那又有什么关系呢？宋朝刘克庄在一首词中写得好："酒酣耳热说文章。惊倒邻墙，推倒胡床。旁观拍手笑疏狂。疏又何妨，狂又何妨。"（《一剪梅·余赴广东，实之夜饯于风亭》）

（原载 2017 年 9 月 2 日《联合日报》）

吴秋辉的朋友圈

　　已故著名学者张默生在 20 世纪 40 年代所撰《现代学术界怪杰吴秋辉先生》一文中曾写道："吴老因为相貌怪、性情怪，所发的言论亦怪，本省的学界人，可说没有愿意和他接近的。就是他当年的同学，也都是远离着他。本来他的生活，几乎是隔绝人世，所以就很少有人知道他；间或有少数的人知道他，也不知道他在学术上的真实造诣。"近些年见诸报刊的一些文字，也有类似说法。据我查阅资料了解，实际情况并非如此，吴秋辉的朋友还真不少。

　　吴秋辉的乡友。他们同为临清城区人，年龄相近，脾气相投，一起上学读书，一起饮酒赋诗游玩，情深意厚。单金铭，字警斋，善谈论，侃侃訚訚，倾倒四座。擅书法，尤工行草。曾供职学界，后任县商会会长。吴秋辉与之相交甚笃，经常一起饮酒聊天，写有《与单警斋夜饮》《同单警斋金铭夜饮》等诗篇，内有"文章自叹秉新法，樽酒时还觅故人。小阁宵深灯有尽，虚堂客醉座生春"之句，可知相聚相谈甚欢。黑午桥、沙明远均为回族人，与吴秋辉一起考入山东省优级师范学堂。毕业后，沙明远到聊城省立第三师范任教员，黑午桥则赴日本留学，吴秋辉特地写了一首题为《送黑午桥赴日本》的诗相赠，内有"杞人久患青天缺，珍重娲皇炼石头"之句，对其寄予厚望。张树德，字茂叔，又字怡白，曾入山东省武备学堂，毕业后即从政，45 岁病逝于济南。临清县志称他"为人风骨秀削，天才卓越，博学多通，而书画篆刻，尤擅精能"。吴秋辉在《秋日同张怡白游大明湖放歌》一组散曲的《后记》中曾说："余与怡白同里，年相若，少日皆好南北词，每相逢辄以背诵曲词为乐。举凡《西厢》《琵琶》《临川四梦》

《粲花五种》以及清代之《桃花扇》《长生殿》等，凡其辞藻馨逸、篇章整饬者类能上口……此唱彼和致足乐也。"二人爱好相同，互为知音，友情深厚。

吴秋辉的诗友。吴秋辉的诗词，有不少是和朋友的唱和之作。比如《镜如以感时诗见柬，即步其韵》（附王镜如原唱）、《稷下逢王镜如》、《数日以来，南北战局渐定，适莱阳，王煦村邮诗见和，再叠前韵，即呈煦村》（附煦村和作）、《答王煦村叠前韵见怀》等，从中看出与王镜如、王煦村的友好情谊。如果不够熟悉，不够喜欢，是不会互相唱和的。《中秋夜访杨秋屏不遇》《题杨秋屏哭母诗后》《哀歌行赠杨秋屏》等五首诗，是吴秋辉与杨秋屏友情的结晶。《与荆门夜话》、《答荆门》、《癸丑中秋日同荆门、方平泛舟湖上，步荆门韵》（附荆门原唱，方平和作）、《荆门以岁暮感怀诗见示，匆匆未及属和，而荆门瞬将归矣。天涯萍絮，去住何常，奚步旧章，聊当骊唱》、《送荆门归里，仍次前韵》等七首诗，是二人真挚友情的见证。王荆门在其诗前小序中说："吴秋辉桂华与余为文字交，相知有年矣。壬子秋，同客历下，风雨晦明，往来无虚日。"吴秋辉的诗中则有"缘诗识道颜"（先见君之诗而后识面）、"订交尝恨晚"的诗句。两相对照，二人相识相知，感情笃厚，自不待言。

吴秋辉的师生之谊。这要从两方面说。先说吴秋辉与老师的关系。他的一位授业老师，十分佩服他的才学，可说是他的"铁杆粉丝"。据张默生在《现代学术界怪杰吴秋辉先生》一文中所写，如果在宴会之际，有人说到吴秋辉的坏处，这位业师便"拂袖而起，悻悻而去；或是大发脾气，把桌掀倒，当场给你一个没脸"。可惜文中没有写明这位业师的姓名。我读吴秋辉的诗词，看到他于1927年3月20日为业师高密傅绍虞先生八十寿辰所写的一首祝寿诗，其中"海右存师表，人间见寿星。贫高原宪节，老授伏生经。世仰真名士，天留旧典型"等诗句，充分表达了对老师的赞颂之情。我忽然想，这位傅先生也许就是张默生笔下的那位业师吧！

再说吴秋辉与学生的关系。著名书画家关友声是吴秋辉的诗学高徒，跟着吴秋辉学作诗词，对他的其他著作也倍加珍爱。《戴东原二百年生日纪念文集》一书，内有吴秋辉的多处批注，关友声便购置珍藏起来，并在该书扉页钤有朱文篆字长印，印文为"劫余长物友声暂有"。吴秋辉临终前，曾嘱咐女儿吴少辉说："还有《说鬼》数本在洬口关友声学生处，记着要回。"这说明关友声十分爱读老师的著作，并视为珍宝。我还听吴秋辉的后人说，在临清故居曾挂有一幅吴秋辉的画像，画得惟妙惟肖、活灵活现，可惜毁于"文革"之中。我揣想，这画像十有八九是爱徒关友声画的。王敦化、解子义是吴秋辉在齐鲁大学任教时的学生，经常与张默生、栾调甫相伴到吴秋辉住处听老师讲学，"执弟子礼甚恭"。吴秋辉病逝后，王敦化曾"排闼而入，直奔灵堂抚棺大恸"。新中国成立后，王敦化任职南京博物院，"文革"时受冲击，痛将一生丰富收藏，包括大批古旧图书付之一炬，却不忍将先师遗作——当年手抄诗文和石印讲义《诗经正误》销毁，可见对先师的深情。1930年吴秋辉逝世三周年之际，解子义写《湖上哀词》诗以表达悼念之情。此后工作之余，他广为搜集细心整理老师遗稿，做了大量工作。"文革"风暴来临时，身为省政府秘书长，预感自己将受冲击，先师的遗稿将遭抄没，果断地将珍存的大部分文稿交还吴秋辉的后人，从而得以保全，而他本人却被迫害致死。

综上所述，可知吴秋辉与自己的业师、爱徒关系融洽、亲密无间，称得上亦师亦友。

吴秋辉的知音。吴秋辉治学论人，每有所述，必言之成理，持之有故，使你口服心服，因此，他并不乏知音。他于"甲子（1924年）春夏间，偶僦居布政司街之皇亲巷，茅屋两椽，上漏下湿"。就是这破屋陋室，临沂的彭玉华、莒县的王石朋每晚必来与之挑灯夜谈，"或眷怀时势，或追念昔游，或剖析诗书之奥义，或评论文字之得失，以至于奇闻逸事，巷语街谈，无所不及"。吴秋辉据此写下一本小册子，名曰《破屋宾谈》，给后世留下一段文坛佳话。王石朋乃清末举人，曾在山东一师任教，是民国时期省内著名学者，与吴秋辉交游甚厚。他曾说："吾友临清吴子秋辉，奇才也。"又说："先生说经，义理考据，皆高出前人之上。"他写有一首赠给吴秋辉的诗："文章家法玉无兢，诗学前身孟浩然。莫怪医穷穷不去，从来名士多无钱。"可见，王石朋对吴秋辉相知甚深，不愧是至交。齐鲁大学教师栾调甫、张默生均为知名学者，每逢周末课余之暇，相约到吴秋辉住处研讨古文、诗词，质疑问难，赏奇析密，风雨无阻。张默生曾在文章中写道："那时我的私心中，常常这样想：吴老是一位良师，栾君是一位畏友，于无意中相遇，朝夕过从，真是生平快事！吴老关于几篇古史的伟著，都是我和栾君怂恿他写出来的。"又写道："我们劝他给任公（梁启超）写信，藉通声气，他不肯。后来经我们再三相劝，他勉强答应了，不过那信是由我代为执笔的。"经过半年的相处，栾调甫感到吴秋辉的"治学精神，和他的一切见地，是中国学术界的一种奇迹"。其评价深中肯綮。有人说，张默生、栾调甫与吴秋辉过从甚密，"恒在半师半友"之间，此话不虚。

记得有人说过，作为平民百姓，朋友无需太多，三两知己就好。但吴秋辉不是常人，他是旷世奇才，他的人格、才学有大吸引力，不断吸引着志同道合者聚拢到身边来，朋友圈越来越大。我之所写，是仅就自己目力所及的资料中摭拾一些吴秋辉的朋友而已。

（原载2017年11月18日《联合日报》，发表时有删节，题目原为《吴秋辉身边不乏知音》）

吴秋辉的至性至情

吴秋辉天资卓越，目空千古，曾被一些人视为生性狂怪，实则他也是一个性情中人。

他的好朋友王泽同 1922 年为《学文溯源》所写之序中这样评价他："余与秋辉吴子交最久，其为人脱落无城府。"无城府，就是没有心机，就是直率，心里藏不住话，有所见，有所闻，不合己意，就无名火起，就笑骂万端。这种表现，正是他内心所思所想的自然流露，是他真挚性情的显现。有一个故事足以说明这一点。

张默生《现代学术界怪杰吴秋辉先生》一文中记述了这个故事。1926 年，山东潍县籍状元王寿彭，奉军阀张宗昌之命，在济南创办山东大学，设五科十三系，聘请京沪名流来做教授。王寿彭并非胸无点墨、不学无术之人，但他为人迂腐，思想僵化，提倡读经。吴秋辉获悉后，出面挑战，把大学中文系的课程应如何设置，如何讲授的意见写成专论，每天在报纸上连载。王寿彭坐不住了，乘夜间密访吴秋辉，请他为自己留个面子，并当即聘请他到山东大学去做教授，还表示如不愿去，也可坐领干薪。吴秋辉听后极为不悦，当场声明说："我吴某读了一辈子书，也不能算是读得明白。我见你创办大学，并且聘请南北名流来充教授，所以我凭借一知半解，愿为山东学子请命，同时我自己也算是领教。你知道，我并不是骂街的学棍，有意来敲诈，我要你的干薪干什么？"事后每当提及此事，他就大骂王状元寿彭不是东西。张默生说："吴老好骂人，不管是谁，一不当意就骂；可是他和人从无仇恨，他所骂的也许是他的好友……

这是因为他的才气纵横，而自己也管束不了自己的缘故。"这话说得真好！吴秋辉就是这样心直口快、直言不讳。他生活穷困潦倒，十分窘迫，可从来不求人；有好友接济他一下，他安之若素，连一句感激之话也不说。临清老家日子过得殷实，他从不张口。冬天天冷，他在诗中说："寄衣犹未到，不敢说衣单。"以上这点点滴滴都是吴秋辉真性情的自然表露。

吴秋辉真情爱家人。他的小女儿吴少辉写文章回忆："我母亲带着姐姐（指其二姐吴玉峰）和我在济南生活的日子很快乐，父亲爱孩子，母亲性情温柔，我们在家里自由自在。父亲常带着我们到大明湖游玩；讲完课回家时一定会买用荷叶包裹着的小吃给我们，姐姐和我好惬意。每年逢八月十五，我们晚上在院中摆上供桌敬神，这时父亲会让我们点诗词，长短不限，然后由父亲用笔写下来，再让我们跟书上对照，以此为乐。"一家人其乐融融的情景跃然纸上。

吴秋辉有六女一儿七个孩子，独独儿子不满周岁便夭折了。他内心之痛惜悲苦概可想见。鲁迅曾针对有人说他过分疼爱独子海婴而写下两句诗："无情未必真豪杰，怜子如何不丈夫。"吴秋辉《忆幼子》一诗，也充分表达了爱子之情：

> 生小忍相离，别来又几时。
> 人皆怜幼子，我自爱仟儿[①]。
> 计日未周岁，何年解诵书。
> 家贫有慈母，亦足慰余思。

我被诗中的真情深深打动，读后不禁唏嘘不已。诗中的"慈母"即指吴秋辉的夫人。他的夫人姓马，娘家也是临清城区大户人家，很有教养，为人温柔善良，宽厚谦让，很有人缘。马夫人活了八十多岁，1952年病逝，送葬者挤满整条考棚街。吴秋辉生前与夫人马氏相敬如宾，十分恩爱。晚年虽然夫妻二人生活在两地，但感情依然敦睦如初。吴秋辉在济南独居，曾写过《四忆诗》，其中之一是《忆内》，即思念夫人。诗是这样写的：

---

① 其子乳名仟儿。

别来璧月又重圆，

翡翠衾寒只独眠。

料得深闺今夜里，

也应青梦到郎边。

这首诗正如杜甫的《月夜》一诗，本来作者写自己思家，"忆内"，却写成妻子在想念他，做梦到他身边，故而写得感情曲折而深刻感人。

吴秋辉孝敬长辈。他因工作、生活在济南，远离家乡，不能陪侍祖父祖母、父亲母亲以尽孝道，内心常常感到愧疚。他在《四忆诗》中写了《忆祖母》：

垂暮高堂鬓已霜，

报刘心志敢曾忘。

隔墙谁读《陈情表》，

惹得征人泪数行。

魏晋时期，晋武帝曾下诏征李密为太子洗马，李密以祖母刘氏年老多病、无人奉养为由，写下一篇感人肺腑的《陈情表》，婉辞不就。吴秋辉写下这四句诗，借以表达自己要像李密那样孝敬、奉养祖母的心志，同样感动人心。《四忆诗》中还有一首《忆母》：

浮云镇日不停飞，

温情堂前事久违。

流水斜阳孤柳外，

倚门应自望儿归。

作者漂泊在外，许久没有陪侍在老母左右以尽孝道了，想象老母倚门翘首瞭望儿子归家的情景，内心十分愧疚。短短的四句话，写得情深意厚，让我记起清朝倪瑞璇在《忆母》一诗中所写的"暗中时滴思亲泪，只恐思儿泪更多"诗句，它们同样给人灵魂的震撼。

至性至情的吴秋辉，是卓越的国学大师，也是生活中人。

吴秋辉与青年学子的情谊

1924 年春天，齐鲁大学成立山东国学研究社，吴秋辉应聘教授经学。本文所说青年学子，即从学者，既包括正在齐鲁大学上学的王敦化、解子义等人，还包括吴秋辉的诗学高徒关友声，可以说，他们是吴秋辉的亲传弟子；当然也包括齐鲁大学的青年教师张默生、栾调甫，他们折服于吴秋辉博古通今的学问，常常利用周末空闲时间跑到吴秋辉住处聆听教诲，自称是其私淑弟子。张默生在《现代学术界怪杰吴秋辉先生》一文中曾说："那时我的私心中，吴老是一位良师，栾君是一位畏友，于无意中相遇，朝夕过从，真是生平快事！"

吴秋辉脾性怪异，好骂人，不管是谁，一不当意就骂。他批评别人的著述，也是毫不留情。但他对青年学子的教诲甚是细心，对他们提出的一些请求足够耐心，也十分热心。吴少辉在《我的父亲吴秋辉》一文中曾写道："追忆当年栾调甫、解子义、王敦化、张默生每周末课余之暇，即来我家听先父讲课，风雨之天，亦未尝间断。研讨古文、诗词，质疑问难，赏奇析密，执弟子礼甚恭，他们师生关系很深。先父谆谆训我，以他们为榜样，勤奋读书，力求进步。"从这段文字中，可以看出吴秋辉对青年学子的印象是美好的，青年学子对老师是崇敬的，他们师生之间的情谊是深厚的。

据张默生回忆，吴秋辉看到他们几个青年学子来访，总是十分高兴，什么闲话都没有，便滔滔不绝地讲学问，中间没有休止符号，容不得别人插嘴。但他发表的绝不是什么狂论，而是实实在在的伟论。你只要在一边静静地听，总可在他的宏论中得到意外的收获。从这段回忆中，可以体会出吴秋辉对他们几个青年学生的教诲是多么耐心，多么热心。另外，吴秋辉对青年学子的请求总是乐于接受，几乎是有求必应。比如说，吴秋辉知道得多，谈论得多，但写成文章的少，张默生等几个青年学子就催促他写出来，催得他不得安生，他就写一篇。过几天，再催他，他就又写一篇。张默生说："吴老关于几篇古史的伟著，就是我和栾君怂恿他写出来的。"吴秋辉写给梁启超的信，也是在几个青年学子的劝说下发出的。我曾想过，吴秋辉如果不是诚心实意地喜爱这几个青年学子，以他的狂怪性格，换了别人，再怎么催促，再怎么相劝，也是无济于事的。

张默生曾将王国维所著《宋元戏曲史》一书拿给吴秋辉看，并请他批评。吴秋辉答应下来，过了两天，他在书眉上，写得随处都是意见，看得特别仔细，批得十分认真。张默生痛惜地说："吴老手批的那本《宋元戏曲史》，年来常常携带左右，现在已随国土沦亡了。"著名书画家关友声当年曾把梁启超所著《清代学术概论》一书拿给吴秋辉，"嘱为指正"。在此之前，吴秋辉的好友王石朋已将此书拿给他看了，他也做了批注。面对爱徒关友声的请求，他没有拒绝，而是应承下来，重新又做了批注。他在此书的扉页及其目录空白处特写了如下说明："今岁春间，王石朋曾以此书见惠，暇时披览，间或于眉端加以评骘，盖乘兴为之，非有秩序之校阅也。嗣石朋见之，旋复取去，今尚存伊处。至当时所云云，余则茫不记忆矣。故此本不再加评骘，大抵梁氏此作，其取材多在李次青，先正事，略及《汉学师承》，记《汉学商兑》等……关子友声，日前复以此册见质，嘱为指正，因复综其大纲，并附以余对于学术之私见及其将来之趋势，其述如左，时民国丙寅（1926 年）八月望日（15 日）微雨，佗傺生志于济南古榜棚街寓楼之灯下。"这段说明文字，充分显示出吴秋辉对关友声的喜爱。由写作这段说明文字的时间，我还想到吴秋辉批注《戴东原二百年生日纪念论文集》，时间则是在此前一天，即八月十四日，内中又有关友声的收藏长方形朱文印"劫余长物友声暂有"，因此，极有可能也是吴秋辉应关友声的请托而批注的。

吴秋辉对青年学子的关爱，在他写给关友声的一封长信中，有更突出的表现。这封信用小楷一丝不苟地写在竖格稿纸上，共写了 15 张，每张 180 字，全信约为 2700 字。从信的内容来看，吴秋辉首先讲学古文字要有字书，而最早的字书《尔雅》与《说文解字》，错讹太多，不可据，以后编辑的字书，包括集大成者《康熙字典》，也存在不少的问题，他认为"中国真正字书，今方在酝酿中，预计近百年中当能出现"，并说"中国将来文化之复兴，实以此为第一关键"。然后语重心长地告诫关友声："贤契为年方少，正悟性发达时代，于此种沉潜学问，似尚不甚相宜；然亦不可不就此稍立其基础。盖心目中先有此表象，而后再遇此等书籍，自觉引人入胜。若终生不观，即终身不晓也。余十年前尚自以此事为一种消遣品，后用以解经，始渐觉其作用之大，反复印证，乃益恍然其关系之既深且巨，在吾国今日实无有更急于此者，此余之所以屏绝世务，牺牲一身而濡首从之也。"吴秋辉接着又讲临写钟鼎文与篆书，要购置清晰之拓片；山东擅写篆书者为丁佛言，"贤契如有志于此，余可请之代为指示也"。吴秋辉与丁佛言为山东优级师范学堂同学，故有此说，也可看出对其弟子的真心相助。吴秋辉在信的结尾处要关友声厚积而薄发，"积之既久，发出既是所谓水到渠成者，不止此一事然也"。他特别告诫关友声："大抵读书一道，虽曰求学，然原系人性分内事，切不可求乐得苦。吾见世之苦学者，卒无得有善果者也。博观约取，优而游焉。以俟其至终必有所成就。来日方长，尚其勉旃。读书有疑，时可函问。"吴秋辉关爱青年学子的耐心、细心、热心，跃然纸上。

这些青年学子对恩师吴秋辉则是崇敬、怀念，一辈子念念不忘。吴秋辉在山东国学研究社讲授经学，因其"学识渊博，语言风趣，故讲来滔滔不绝，娓娓动听，听者无不为之倾倒，且每有所引，则告以某书某页某行，按图索骥，绝不有误"（梁兆斌《国学大师吴秋辉》），学生对这样的老师怎能不崇拜、佩服！1982年秋仲，吴秋辉外孙张树材先生赴南京公干，并拜访了南京博物院研究员、古文字古器物学家王敦化先生。他"盛赞先师乃'旷世奇才'，'学识之博大精深，为一生所仅见'，'治学数十年，遍视古今人物，可断言，前无古人，后无来者'。尤其对《诗经》的研究见解，'绝无伦比，非常人所可企及'"（张树材《先外祖吴秋辉先生逸事补》）。由此可知王敦化对老师的景仰与醉心。

青年学子对吴秋辉的热爱表现在两方面。其一，关心其身体，关照其生活。

张默生看见吴秋辉在冰雪严寒的冬天，冻得周身发抖，便劝他及时添加衣服。有一次，还问到他每月生活费的数目，他答以六十元。张默生便同青岛大学的一位教授商议，想要共同负担他的生活费。其时张默生已到青岛做事，愿意把吴老接到青岛一块生活，工作余暇，也方便帮他整理旧籍。不幸张默生被军阀张宗昌通缉，逃往海外，他设想的计划也落空了。其二，珍护其著作。王敦化"文革"中受冲击，忍痛将一生的丰富收藏，包括乃祖所遗精装《圣经》在内的大批古旧图书付之一炬，却不忍把先师遗作销毁。他甘冒风险，把当年手抄诗文和石印讲义《诗经正误》等匿于柜底，使之得免于劫火。关友声对老师批注的《清代学术概论》和先师手书给他的长信倍加珍惜，妥善保存至今，毫发无损。栾调甫收藏有吴秋辉批注的俞樾所著《群经平议》一册，甚珍贵。内有栾调甫题跋，曰："此亡友吴君秋辉手批《群经平议》残册一本，为吴君所遗者。曲园经学本非当行，其于乾嘉考据亦无门径，独好著书，以动当世，怪说支离无可省览，尤以高邮标榜，真所谓画虎适成狗也。吴君不喜乾嘉汉学，尤恶惠、戴，宜其痛诋老曲也。偶理旧箧，检阅一过，题志藏之。乙亥（1935年）三月十九日调甫。"栾调甫赞赏吴秋辉的批注，并将其手批本珍藏起来。

吴秋辉几十种著作，生前穷困未能印行，死后几十年，也迟迟不得出版。为此，他的家人忧心如焚，他的门生也十分焦急，费了不少心思。1954年前后，解子义曾与王献唐、栾调甫等组成吴氏遗著搜集整理小组，并冒暑跑到北京图书馆查找先师的11篇古文杂考[①]，冀有所获。他在写给吴少辉的信中曾说："盖先师去世已三十余年，今日再不抢救，后一代更无人关心，一生心血，尽付东流。此不但个人之损失，亦文化上之损失也。"解子义曾把先师的部分遗著呈请北大教授顾颉刚、山大教授高亨两位先生审阅，并希望他们推荐给文史杂志发表。他说："尽力设法，使它公之于世，为社会古代文化做出应有的贡献。人与书并垂不朽，此我之志愿，亦先师之遗志也。"现在我看到的解子义写给吴少辉的四封信，其内容全是谈对先师遗著的搜集、整理和出版事宜的。张默生于1979年9月24日病逝。而就在这一年的4月3日，还致信"乾一、少辉

---

① 吴秋辉在写给梁启超的信中，附寄了这些著作，而梁启超死后，他的家人又将其遗书全部捐赠给北京图书馆，笔者注。

兄嫂"，谈到自己曾对前来成都开会的山大、山师学者介绍吴老的著作，希望齐鲁书社和山大《文史哲》《历史论丛》等刊物能出版、发表吴老的遗著，其用心之良苦，诚可鉴也。

张东蕙女士曾在微信中发给我冉光远写给其母吴少辉的一封短信，其内容与本文十分吻合，现抄录下面：

> 玉真[①]老妹你好：
>
> 张浴继来信，他去西安旅游到你处看了看，说你身体还好，有儿女伴住身边，亦晚年幸事也。乾一享寿九十有奇，始归道山，亦属少见。望妹注意身体，健康安度晚年。
>
> 最近临清市文史资料委员会刊出《临清文史》一书，内有刘又辛写的一篇有关伯父遗著的评传，不知你看到否？再者伯父遗著甚多，不知已刊印多少。伯父生前给我的齐大《东风》《学文渊源》等，经七七事变，同家宅被敌伪烧了，甚为痛惜。回想当年在济南读中学时，伯父见了时加教导，受益匪浅，而今记忆犹新。
>
> 我在新乡化纤厂已离休多年，希老妹趁身体尚好，来河南一游为盼。……并祝全家均好。
>
> 冉光远
> 一九八六年六月二十八日

笔者没有查到冉光远的生平资料，想来应是临清老乡。他的信言简意赅，感情真挚深沉。当年作为济南读中学的青年学子，受到吴秋辉的关照、教诲，几十年过去了，他还一直铭记于心。看得出，他与吴秋辉之间的情谊是深厚的。这件事也算是本文立论的一个佐证吧。

---

① 即吴少辉，笔者注。

吴秋辉的爱国情怀

　　"天下兴亡，匹夫有责"，这种思想情结已成为中国传统文化的基因，流淌在一代代中国人的心中。作为二十世纪二十年代卓越学者、国学大师的吴秋辉更是如此，在他的心中，在他所写的诗文中，充溢着强烈的爱国情怀。

　　1904年2月10日，日本与沙皇俄国在我国东北境内进行的帝国主义战争，历经一年多，最后由日本取代沙俄在我国东北的支配地位。面对山河破碎、生灵涂炭、哀鸿遍野的局面，吴秋辉痛心疾首，在随后所写的一首散曲中写道："吊辽东，城郭非；哀直北，朝廷小。弄潢池，群盗如毛。待哺哀鸿遍四郊，更何处可安耕钓。"表达了对帝国主义侵略者极度憎恨与饱受奴役的我国人民的深切同情。

　　就在日俄战争期间，吴秋辉看到报纸上载有一日本人盗买山东济宁武梁祠画像石刻一事，且此人不服处罚，横生枝节，因此不胜愤懑，与山东师范学堂优级理科三年级同班同学曹学海、王士楷一起给当时的抚帅大人写了一封长信，陈述自己的看法，信中写道："尝谓古物者，天地之菁华、国家之特色、祖宗之留遗，而进化之迹象也。其权利俱非个人之所得私有。个人无其所有之权利，则买者卖者皆当认为不法之行为。"并指出日本人"其心非不知买卖国有物为法律之所不容，而恃其强权，明欺我国无深明法律之人，即而可以狡词拖赖"，为此，请求抚帅大人"持法彻究并妥筹善后办法，以杜觊觎而振国权"。这封为保护文物、防止古物外流而上禀抚帅大人的书信，字里行间流露出吴秋辉等三个青年学生的爱国情操。

民国元年，吴秋辉从故乡临清回到济南，应邀从事报纸编辑工作。《吴秋辉先生事略》一文写道："时国体初更，政潮纷乱，先生为某报主笔，沉毅敢言，对于时局痛加批评，人咸以为快。"他那时针砭时弊，内心里是热切期盼着国家尽快富强起来，不再受外敌的欺凌。但现实是"时事日非"，军阀连年混战，弄得全国民不聊生。为此他痛彻心扉，在一首诗中写道："城阙鱼龙入，郊原战伐新。村空唯有树，兵过更无人。"短短四行二十个字，充溢着忧国忧民的情怀。

1917年，吴秋辉抛弃辞章生活，开始致力于经史，走上治经之路。他抽绎群经，发现我国历经数百年战国之乱，自虞夏以来二千余年之文明，几为之丧失殆尽。"抚卷惋惜，遂以发扬古代文明为己任。"（引自《吴秋辉先生事略》）他曾表示，他治《楚辞》，是"因念《楚辞》为我国词章之祖，乃天地间有数文字，其关系于我国文学者甚重"；他治《诗经》，是"因复念三百篇为我国文化之本，其重要视楚辞殆不啻千百倍"。后来他又看到，印度典籍《吠陀》其形式与时代，恰与我国《诗经》不相上下，而全印度竟无一人能窥《吠陀》之真面，转须向欧洲人学习，方能了了。他觉得这种沉痛的教训真堪嗟叹，并对自己是一种"无形之鞭策"。为了不使我国重走印度老路，他治经"益自砥砺，用是不敢自诿，闭户殚精，谢绝百事，虽箪瓢屡空，亦所不恤"（以上引文见《致梁任公书》）。他有一个远大的抱负，即"吾将在古代文明史上开一新纪元，而在学术史上起一大革命"（摘自《吴秋辉先生事略》）。由此可知，吴秋辉颇有为我国经学之昌明"鞠躬尽瘁死而后已"之气概与精神。

吴秋辉虽慨然有志于治经，但也深知"特是兹事体大，六经之旨合之不下数十万言，使必一一笺释而疏证之，恐头白可期而汗青无日"（引自吴秋辉《上同乡诸大老请振兴经学书》）。为此，他先后写出《上同乡诸大老请振兴经学书》《上大总统请修明经学书》和《致梁任公书》三封长信，希冀对方伸出援手，给予帮助，以期早日完成对六经的疏正。他在《上同乡诸大老请振兴经学书》中说，六经所传之文字，率即为北人之口语；六经所载之名物，概属北产；六经之礼制，又多为北方之里风，因此，"自念身为北人其致力即较南人为易"，"于是始慨然有志于说经"，"第桂华一介寒儒，寸田尺宅，无以活生糊口"，写出这些著作，已大不易，倘"能筹集巨款，政局兴修，使六经之真论一一表现于世，此则千秋之盛业，国家文化之所攸关。桂华虽不才，定当竭其驽骀，以为涓埃之报"。句句肺腑之言，情真意切。他在《上大总统请修明经学书》中说："我国之得以屹立东亚，郁为文明之祖国，而与西洋文明相对抗者，端赖乎六经。只是经文简质，通解为难，又历世绵远，其间文字之变迁，语言之殊异，每易滋生误会。故千余年来，虽代有修正，而承其事者，其材学识力不足以上契古人义，有不通辄不免以私臆羼杂其间，往往其始差以毫厘，修乃谬以千里。桂华虽慨然有志于说经，但一介儒生，依人为活，乃欲以一手完成六经疏正之事，其愚妄又与撼树蜉蝣何异。果欲薪经学之昌明，则非取六经旧有之注疏、训释，荟萃折衷，其不合者则别加考订，以勒为成书不可。""伏见我大总统自莅宇以来，即斤斤以文化为治，近复有提倡《四存》月刊之举。对于一家一人之学说，尚不惜极力推崇，况六经为我中国立国之根本，东洋文明之所自出，其论诸家学说，殆不止麟凤之于鸟兽，……当必不惜乐为提倡，拨款兴修。"说得委婉谦逊，很有说服力。他在《致梁任公书》中说："大抵华（吴秋辉自称）之说一出，中国二千余年之学术乃根本动摇，直无复存在之余地，特其影响之所及者至大，在华亦不敢坚于自信。惟凡百之事物、义理，经华考得者，推之乃无不皆准，故又不敢自菲薄。此事殆非集海内众君子而公同扬榷者，无从解决。"说得合情入理，令人信服。三封信虽皆言经，但其爱国之心昭昭可见。

吴秋辉曾说："历来言经学者，其目的无一不在于经学之外。十之九为利，而其一则为名也。其超出于两者之外，而一以经为事者，三千年来，其惟予一人乎。"的确，他向人写信求助也好，自己孜孜不倦研讨经学也好，均可看出他是以学问报效国家。他在治经的十年中，"旅况萧条，身无长物，卧榻而外，惟典籍数卷，笔砚数事而已。人不堪其苦，先生不改其乐。披览古书，沉思往事，研精探微，心解神契，踌躇自乐。偶有奇辞奥义，诘屈不通者，必旁求博证，得其真谛而后已。故先生著作，多所创见，或推翻古人成案……晚年著作盈箧，生计日困。人或劝之鬻稿自给，先生笑曰：'我岂卖稿求活着耶？'"（引自《吴秋辉先生事略》）

综上所述，我以为吴秋辉的爱国情怀直可以感天动地，令人敬佩之至。

吴秋辉的乡愁

一个游子，在外漂泊的时间尽管有长有短，但总会感受到或多或少的乡愁。而漂泊者的乡愁，在历朝历代著名的诗篇中都有动人的表述。比如唐朝崔颢的"日暮乡关何处是，烟波江上使人愁"、王维的"独在异乡为异客，每逢佳节倍思亲"、宋朝李清照的"故乡何处是，忘了除非醉"等，不胜枚举。

吴秋辉 1901 年离开家乡临清，赴济南考入山东省优级师范学堂研习科学八年。毕业后，曾回临清办过两年教育，1912 年又回到济南从事报纸编辑工作，随后的时日，中间除旅居京师三年外，直至 1927 年病故，"未出济南一步"。他短短的五十年人生，竟在外漂泊了二十多年，生活又是那么孤寂窘迫，自然比别人的乡愁来得更加汹涌。

吴秋辉的思乡之情，他的乡愁，更多体现在他所写的诗篇中。

"乡愁入夜深。"这是吴秋辉所写《旅夜》诗中的一句诗，道出漂泊者的共同心声，自然引起漂泊者的共鸣。因为一个人独居旅舍，夜不成寐，思乡之情便会油然而生。"举头望明月，低头思故乡。"吴秋辉在《八月十三日客邸望月》一诗中也表达了同样的感情。全诗是这样写的：

> 西风吹破牖，败纸做筘声。
>
> 病骨凌秋战，乡心与酒争。
>
> 故园兄弟隔，客路鼓鼙惊。
>
> 千里遥相望，迢迢空月明。

月夜思念家乡，牵挂亲人，雨夜也是如此。请看他的《旅舍夜雨》一诗：

> 淅淅空阶雨，迢迢旅客魂。
> 风鸣窗纸破，云暗夜灯昏。
> 故园人千里，他乡酒一樽。
> 何堪闻怨笛，离思满邱园。

云暗风鸣的雨夜，诗人在昏黄的灯光下独酌，想起故园亲人，离愁别绪立刻溢满心头，充塞"邱园"（原指清代画家邱园隐居的坞邱山，这里借指作者租住的寓所）。

"人当岁暮更思乡。"这是清朝崔岱齐的一句话，这种人之常情，在吴秋辉的诗中有突出的表露。比如《初春杂咏》组诗之一："三十九年过客，二百里外家乡。又是草堂人日，满枝梅花断肠。"旧时把正月初七这一天称为"人日"。诗人旅居济南，独自过春节，想起二百里外的家乡，看着早开的满枝梅花，心里也满是忧愁，高兴不起来。这种乡愁，在《壬子除夕》一诗中更有淋漓尽致的表现：

> 椒盘荐五辛，爆竹闹比邻。
> 野馆无家客，寒灯独夜身。
> 愁随乡梦远，老怯岁华新。
> 故里屠苏酒，应虚最末巡。

除夕之夜，诗人漂泊在外，孤身一人，面对寒灯，想象着全家团圆之时，相互举杯祝酒，热闹非凡，只是自己座位空着，即使祝酒轮到末尾也是枉然了。

"月是故乡明。"杜甫的这句诗很有名气，被后世文人多次引用过，因为它代表着对家乡的热爱，对家乡景物的喜爱。吴秋辉诗中这种"月是故乡明"的思想感情是浓烈深沉的。比如《遣闷》一诗：

> 浮名已觉成鸡肋，世味宁须食马肝。
> 劫后河山仍破碎，春来风雨太萧寒。

> 客怀薄恶时中酒，乡梦依稀一倚栏。
>
> 苦忆故园桥外路，三年花事不曾看。

这里是写，浮名无用，世味淡薄，山河破碎，风雨萧寒，只有梦中回到故乡，看到桥外路边争奇斗艳的百花，才觉得赏心悦目。可这终究只是个梦，毕竟三年未回故园看花了。由此可知，诗人是多么怀想故乡的美景啊。吴秋辉的这种乡思乡愁，在《明湖修禊》组诗之四中表达得也十分强烈，全诗是这样写的：

> 十载明湖泛梗身，七桥风月总前尘。
>
> 他乡聚首多新雨，远道关心又暮春。
>
> 去日年华随逝水，当前物态苦撩人。
>
> 卫河西畔花如锦，背立东风一怆神。

诗人与新朋旧友在大明湖游春，看着眼前如画美景，禁不住想起故乡临清卫河西畔繁花如锦的景致，又勾起心中的乡愁。

"孤客一身千里外，未知归日是何年。"这是唐朝崔涤《望韩公堆》中的两句诗，与宋朝晏几道的两句词"天涯岂是无归意，争奈归期未可期"所表达的乡愁是一致的。吴秋辉在诗作中也一再表达欲归家而不得的忧愁与苦闷。比如他在与诗友王荆门的一首唱和诗中写道："他乡苦留滞，今喜送君还。老羡田园乐，贫知道路艰。"在《与王荆门夜话》一诗中又写道："囊空怯行路，归计每愆期。"在《春暮》一诗中则写道："几度欲归归不得，枝头杜宇漫相闻。"诗人羁旅之愁与不得归之苦，跃然纸上，感人至深。

吴秋辉久居外地，可乡音乡情未变，他在诗中展示的那份乡土情结，抒发的那份亲情友情，表达的那份对家乡景物的由衷赞美，至今感动着读者，感动着家乡临清的读书人。

（原载 2018 年 11 月 3 日《联合日报》）

吴秋辉的悲剧人生

吴秋辉虽只活了短短五十年，却写下八十多万字的《侘傺轩说经》以及其他三十余种著作，其内容涵盖了经学、史学、文字学、音韵学、甲骨文等多个领域，还创作有大量诗词、小说等，可谓著作盈箧。而且，这些著作都有其真知灼见，发人之所未发，并非平庸之作。《吴秋辉先生事略》说他："披览古书，沉思往事，研精探微，心解神契，踌躇自乐。偶有奇辞奥义，诘屈不通者，必旁求博证，得其真谛而后已。故先生著作，多所创见，或推翻古人成案。然证据确实，义旨宏远，足使闻者惊心，见者叹服。"吴秋辉一生取得这样恢宏卓越的成就，应该说是他的福气，是他的骄傲，为什么又说他的人生是悲剧呢？

吴秋辉自号侘傺生，名斋曰侘傺轩。所谓侘傺者，乃失意的样子。吴秋辉以此为号，盖因其平生不得志也。

吴秋辉不得志，其一是一岁左右感染麻疹未愈，误食蚕豆，引发眼疾，把左眼攻瞎了。上天给了他不同寻常的聪慧的头脑，却又使他盲一目，致使身体残疾。吴家后人曾告诉我，吴秋辉生得白净，长得帅气，只是因为盲一目，形象有了缺陷，不那么完美了。这种心中的阴影，伴随着他的成长，挥之不去。他长大后，之所以不计形象，不修边幅，恐怕也与此颇有关系。及至山东优级师范毕业，考上官费赴日本留学，关键时刻，提学司传见，见他只有一只眼，认为有碍国际观瞻，把他的留学资格取消了。这无疑会给吴秋辉心理上一个很大的打击。如果当年能赴日留学，吴秋辉的人生也许会是另一种样子。

吴秋辉不得志，其二是科举考试失意。他生在光绪三年，科举取士还是主流。吴家日子过得殷实，拿出钱财供吴秋辉入塾读书，是希望他日后通过科举取得功名，光耀门庭。吴秋辉虽然说过自己"少无适俗之韵，束发受书，即不甚以功名为念"，但他并没有拒绝科举考试，而是一考再考，可惜一败再败，两次参考均未得中。这正如历史上的李白、杜甫、曹雪芹、蒲松龄等人的遭遇，虽然天资卓越，可是命运不济，一直没能考取功名。想来吴秋辉当年心里是不好受的，因为他并不想辜负家人的期望，他也要承担起抚养妻儿老小的重担。老天偏偏捉弄他，让他空有满腹学问却考不中秀才、举人，郁郁不得志。

吴秋辉不得志，其三是社会现实使他大失所望。他于1910年优级师范毕业后，曾回故乡临清办教育两年。民国元年，复返济南。此时国体初更，吴秋辉对民族复兴大业怀抱着很大的希望。《吴秋辉先生事略》一文介绍："先生为某报主笔，沉毅敢言，对于时局痛加批评，人咸以为快。既见时事日非，遂抱消极主义，潦倒穷愁，日以诗酒自放。每值风月之夕，泛舟明湖，狂歌豪饮，笑骂万端，人多目之为狂。"这段话准确地写出吴秋辉当年的心理变化。是纷乱的政潮现实给了他当头一棒。他原想以编辑报纸为民代言的梦想也破灭了。他果断去职，一走了事。

吴秋辉不得志，其四是错失担任清华国学研究院导师的良机。梁启超看过吴秋辉的部分著作，甚是赞赏，并决定聘其为清华国学研究院导师，还派研究生兰文征等二人专程来济南促其早日命驾。如果说此前吴秋辉偏安山东，囿于一隅，使其有着重要学术价值的著述犹如匣中明珠，却不为人知，那么现在机会来了，能够到顶级的学府，与顶级的学者共事，把满腹的学问传授给青年人，这是何等的大好事。吴秋辉也深知机会难得，愉快地答应下来。万万没有想到，不久他外感风寒，病倒了，从而错失良机。

吴秋辉不得志，其五是上天给了他横绝的才华，却没有给他一个健康的身体，绵长的寿限。他深知古代典籍为我国文化之本，曾废寝忘食苦心研究多年，其间"虽箪瓢屡空，亦所不恤"。为实现他研究古代典籍的宏伟计划，他还曾写过《上大总统请修明经学书》和《上同乡诸大老请振兴经学书》，请求在人力和物力上给予支持。无奈天不与以寿，让他英年早逝。临死之前，他环顾著作未竟之稿叹曰："吾以数十年之精力研讨古籍，今方彻底了悟，著述未及一半而病入膏肓，岂非命耶！天之生我，果为何者！"言已捶床太息，愤懑欲绝。他心中的悲苦可想而知。

吴秋辉一生，科举不中，留学受阻，编辑报纸为民代言而难以起到作用，清华国学院聘而不任，著述未及一半而英年早逝，总之，他才高数奇，命途多舛，充满悲剧色彩。

1927年3月，康有为病死于青岛；4月，王国维自杀于北京昆明湖；5月，吴秋辉在贫病交加中逝世。中国学术界，在三个月中，陨落三颗文化巨星，是莫大损失！但相比较而言，康有为生前安富尊荣，王国维死后，蜚声士林，唯独吴秋辉，生前生活既得不到温饱，死后也默默无闻，几与草木同腐。他的遗著尘封几十年后才得以出版面世。作为吴秋辉家乡临清的一名读书人，当我读过他的著述，了解了他的经历，感慨他是一位真正学养深厚的国学大师。由于他的孤傲、寂寞、贫病与早逝，其学术不能广布于世，我每每想起他的悲剧人生，便情不自禁地流下同情之泪。

（原载 2019 年 5 月 11 日《联合日报》）

特殊的葬礼

1927 年农历 5 月 28 日，吴秋辉于穷困潦倒、贫病交加中，在济南西更道寓所病逝。据《吴秋辉先生事略》一文介绍，吴秋辉病逝的前一年，先是"感冒风寒，兼之咳嗽，积久渐剧。其夫人马氏携二女自临清来济侍疾，时岁聿云暮，明春病势愈重"，终于饮恨而卒。

夫人马氏及其二女痛哭流涕，悲痛欲绝。家中既无应门主事之男人，又远离家乡，想到亲人的安葬，一筹莫展，只有痛哭而已。幸亏有生前好友相助，为其购置了贵重的楠木棺材，暂时浮厝于南关岳庙。所谓浮厝，俗称丘子，即选择一适当地点，用砖石将棺木四角垫高（一般离地三寸），再用土坯和草泥密封起来，暂不入土归葬。采用这样的殡葬方式，吴家人当时也实在是没有别的办法了。

据当年在场的吴秋辉的小女儿吴少辉回忆，"父亲既殁之初，一山东大汉排闼而入，直奔灵堂抚棺大恸。经询及他人，方知为王敦化先生，其时就读于齐鲁大学文学院，年仅二十余。"还有不少生前好友、门生故旧前来吊唁，有的还送来挽联："著述传千古，隐论壮山河。"对吴秋辉英年早逝使中国学术界从此少一导师，表达出痛惜之情。出殡的那一天，送葬的除了夫人马氏和二女儿吴玉峰（小女吴少辉因守护父亲的遗稿而未敢离开家门，没有为父亲送葬），生前好友及倾慕其才学的读书人来了很多，排了长长的送葬队伍。

丧事既毕，夫人马氏携二女重又回到故里临清，每天在痛苦的思念中孤苦悲戚地度过。特别是想到亲人的灵柩长期丘在济南，更是悲痛万分。秋天过后，决定从济南移榇回临清入土安葬。写信告之吴秋辉生前好友，并委派大侄子吴宝彝前去济南办理此事。济南的同人想到吴秋辉故去后，"自夏徂冬，旅榇未归；风寒露冷，孤魂焉依"，表示要尽全力协助吴家人办好移榇迁葬之事，并商定于同年阴历十二月初二移榇。这一天，约集同人为吴秋辉先生开一追悼会，为其送行。于是，推荐李书卿执笔，草拟一则《公启》，以昭告众同人。这份《公启》原件，为吴少辉辑存，其长子张树材整理（原件系一宣纸手书草稿，直书，无分段及标点，且修改多处）。此原件距今已九十多年了，保存下来是很不容易的。再者，《公启》内容深邃，感情真挚，文字凄婉动人，并提供了原来不为人知的一些事情，异常珍贵。本文特将此《公启》全文摘录于后：

公 启

启者：秋辉吴先生既殁之五月，其夫人马氏携二孤女间关来济，谋归先生之骨于临清原籍。同人等乃相聚而议曰：先生禀绝世之资，负凌云之气。少工帖括，既拔帜于名场；长业新闻，更蜚声于报界。嗣复精考据、钩沉、研几，学凡六艺、诸子、百氏之书，天文、舆地、术数、理化之学，无不披览详究，有所发明。著《学文溯源》一书，为治国学者别开蹊径，一矫前人说文之弊。先生之学可谓宏矣！生平所如不合，甘心隐沦；蛰居一室，著述自娱。行年五十，往往纳履踵决，捉襟见肘；饭疏饮水甚或至于断饮。先生之遇亦何穷耶！

然先生神宇兀岸，不为少屈。饥则蒙被高卧，未尝向人贷一钱。友人或怜而周以资，夷然领受，若固有之，未尝作一世俗周旋语也。日唯译甲金之遗文，订古史之残缺，数年以来，著述等身。新会梁任公先生见其《诗通》《八卦分宫正谬》及《古今文字正变源流考》诸作，击节称赏，拟为印行以飨学者。先生谓：此系糟粕，恐不足以问世。先生之志又何壮也！

胡天不吊，遘厉疟疾，竟于本年夏历五月二十八日溘然长逝。唯时挽抢昼见，凤鹤宵惊，同人等为粗具棺殓，暂厝于南关岳庙。呜呼惜哉！

自夏徂冬，旅榇未归；风寒露冷，孤魂焉依！同人等追念先生稽古之功，更伤其身后萧条之况，拟于阴历十二月初二日，约集同人，开会追悼，到岳乐闻也。既以增吾道之光，亦以壮后学之气。想亦仁人君子所乐许也。如蒙同，请届时驾临为荷！

地点南关岳庙　李书卿

从这则《公启》中可以看出，当年的朋友对吴秋辉的为人为学，内心充满崇敬赞美之情，对他身后萧条的境况，则表达出无比的痛惜哀伤。

且说1927年阴历十二月初二这一天，天空阴云密布，北风呼啸，寒冷异常。吴秋辉生前好友、门生故旧顶风冒寒，从济南的四面八方早早赶来南关岳庙，参加吴秋辉的追悼会。追悼会布置简朴、庄严、肃穆。主持人做了简单说明之后，与会者争相发言，或扼要介绍吴秋辉先生的生平事迹，或简短说明其在古史和典籍研究上的卓越贡献，或历述其在诗词创作上的不同凡响，或深情表达对其虽穷困以至断炊而不坠青云之志的赞颂，或抒发对其才高而数奇的悲悯情怀，与会者无不悲痛地热泪盈眶。

追悼会之后，吴秋辉的灵柩被放置在一辆雇来的马车上，随即由大侄子吴宝彝扶柩连夜赶回临清。吴秋辉的女婿张乾一先生曾作有《吴秋辉先生传略》，内有"其侄宝彝于十月末（应为十二月初）扶柩为葬于临清"一句话，证明其侄吴宝彝是参与迁葬一事的唯一一位吴氏家人。吴秋辉家族的坟地在卫河西畔瓜敞村（现归属河北省）。吴秋辉灵柩被埋入祖坟坟地，终于入土为安了。迁葬的整个过程，吴宝彝参与其中，他将详情讲述给家人听。吴家后人的转述，少了许多细枝末节，所以本文难以写得具体翔实。

都说吴秋辉生前狂狷、怪异，人人敬而远之，没有什么知心朋友。可我从他的特殊葬礼中再一次看到，他有朋友，有很多朋友，而且是知心朋友，这些朋友对他的为人是赞叹的，对他的为学是佩服的。这些朋友，在吴秋辉生前，曾对其生活加以关照；死后，对其后事的处理，也是鼎力相助。

吴秋辉遗稿的守护与出版

　　1926 年秋冬之际，穷困潦倒的吴秋辉病倒了。夫人马氏携二女从临清急急赶来济南侍疾。不料第二年春天病势愈重。据《吴秋辉先生事略》一文记述："先生自知不起，环顾著作未竟之稿叹曰：'吾以数十年之精力研讨古籍，今方彻底了悟，著述未及一半而病入膏肓，岂非命耶！天之生我，果为何者！'言已捶床太息，愤懑欲绝。他转嘱其幼女吴少辉曰：'我死之后，你要把我所著作的一些稿件，好好保存；张默生先生所借的《诗经通义》稿十卷，乃重要文稿，切记索取。'言已遂饮恨而卒。"又据张树材先生在《有关〈吴秋辉先生事略〉的几点说明和补充》一文所写："先外祖临终前，将书稿悉付家母，除《事略》中所言，尚嘱其'书稿之出版面世，须在二十年之后'。盖为其学说在当时颇不易为一般人所接受（即使而今亦与正统之学说大相径庭）。家母谨遵所嘱，守护书稿未尝少离，即使移榇亦未参加。"

　　吴少辉自受命以来，倍感责任之重大，守护书稿格外小心谨慎，唯恐有所遗失或损坏。诚如上面引文所说，即使父亲出殡，也未参加送葬。1937 年抗日战争全面爆发后，怀有身孕的吴少辉携带一个装有父亲遗稿的铁皮箱，带着两个年幼的孩子，随丈夫张乾一率领的临清省立十一中师生流亡西北。途中多次遭遇敌机轰炸，旅途十分艰辛。在这种情况下，她宁肯舍弃生活必需品，可那视如生命的遗稿却寸步不离。1987 年 9 月，她曾写过一篇题为《我的父亲吴秋辉》的文章，内中回忆了抗日期间逃难大西北途中艰难守护书稿的情景："一九三七年七七事变，日寇占领平津后节节南侵，不到两个月，就到了德州，眼见就要进入临清了。处在这样紧张情势之际，学校只得放长假，人人计划出路，各奔前程。我和二姐吴玉峰准备逃到西北，这时我母亲将父亲手稿交给我，怕日本鬼子来后把书稿毁了，嘱咐我带走好好保存。一九三七年十月我们及一部分教职员、学生买舟从卫河南下，逃往西北。斯时长子三龄，次子岁半，三子早晚又降生，行程之艰难可想而知，但我们毅然决定携带父亲书稿（我深知书稿之重要），舍弃生活必需物品，在日机空中威胁、远处炮声隆隆的情势之中，舟泊楚旺，乘火车至道口、新乡抵郑州，次日换乘陇海火车前往豫西灵宝县，寄居于乡友刘君开设之华安商店。颠沛流离的生活，次子幼小，受饥寒而病亡于灵宝县。次子夭折让我痛不欲生，我在大难中携子抱子而以怀子，真可谓极为困难。人生寿夭不定，但我子死于非命，使我终生悲痛，不能忘怀。父亲的嘱托，我肩负重任，不能就此不振。我常激励自己，我是吴秋辉的女儿。一九三八年二月由河南灵宝来到西安，后又到天水、秦安等地。时事艰危，历经磨难，于一九四一年定居西安。日本鬼子不断轰炸西北，逃警报时都携带父亲手稿，与遗著共存亡。"抄录这一大段文字，意在让读者看到，在那个生死存亡的年代里，吴少辉守护父亲遗稿的果断行为和强烈责任感。的确，如果稍有疏忽或懈怠，后果不堪设想。吴少辉没有辜负父亲的嘱托。吴秋辉慧眼识人，也没有看错自己的女儿。

吴少辉的丈夫张乾一先生毕业于北京大学国文系，深知吴秋辉遗稿的宝贵，为守护遗稿同样付出很多心血。定居西安后，生活相对安定了，随即与重庆出版部门联系遗稿出版事宜，但一直没有着落。新中国成立后，又与多家出版社联系，也未能如愿。直到1982年联系上家乡的齐鲁书社，《侘傺轩文存》才得以问世。为此书的出版，据其女张东蕙介绍："家严以近九十岁高龄，每日伏案誊抄整理遗稿一千多字，集二十万字。"又说："家严与家慈吴少辉，在半个世纪的社会动荡中，对吴著的保存、整理和出版，时刻铭挂于心，未尝稍懈。"学术著作的读者面窄人少，出版部门因为销路有限，一般不愿意承受，之前是这样，新中国成立后也是如此，就是改革开放实行市场经济的今天，也好不到哪里去。因此，实现吴秋辉遗稿出版的心愿并不容易，吴少辉与丈夫为之常常忧心如焚。

看到父母的辛劳，为分担其责任，儿女们开始关注吴秋辉遗稿的出版。张东蕙说得好："这当中有亲情，亦有感动，更有社会责任。"

吴少辉的长子张树材先生 15 岁即参军远走新疆。幼时虽也耳闻外祖吴秋辉的趣事逸闻，但印象浅淡，并未引起注意。进入二十世纪八十年代，才陆续接触了一些外祖的文字资料，有了一个粗略的印象。及至看到张默生先生所著《现代学术界怪杰吴秋辉先生》这篇长文，拜访了南京博物院王敦化研究员，并聆听了老先生历时两天的讲述，他才深刻认识到外祖在学术上的卓越成就。此后即将"文革"中被红卫兵抄没后返还之遗稿携回新疆，于工作之余着手整理。他说："选定其一生最主要著作手稿《侘傺轩说经》，利用工作之余用现行稿纸进行标点整理，以期日后排印出版。奈因公务繁杂，余暇有限，先后历时近十年始克完成。"期间，母亲吴少辉十分关注，常加鼓励，母子相互通信即达几十封。我多次想过，张树材先生 15 岁参军，并没有念过多少书，如果没有超人的聪明才智，没有平时刻苦自学积累的知识底子，没有百折不回的意志和毅力，面对八十多万字的《侘傺轩说经》手稿，既要仔细辨认毛笔书写的行书字体，又要准确地断句、标点，还要一丝不苟工笔正楷地抄写在方格稿纸上，要完成这样繁难的任务，是根本办不到的。因此，他所付出的大量的精力和心血，我是完全想象得到的。况且还是"工作之余"。所谓工作之余，我能想到的不过是上班之前的凌晨，下班之后的深夜，加上寥寥可数的礼拜天和节假日，如此而已。十年如一日，不管是挥汗如雨的酷暑天气，还是呵气成冰的严寒冬季，都在辛勤地伏案工作，这要有多大的决心、毅力、定力，有多大多强的精神支撑啊！我钦佩张树材先生，也感激张树材先生，没有他艰苦卓绝的劳作，我在有生之年难以品读吴秋辉的大作《侘傺轩说经》。

吴少辉的小女儿张东惠女士，为吴秋辉遗稿的出版，也是出了大力的。她抛家舍业，为外祖遗稿的出版跑北京，跑济南，跑新疆，跑四川，与出版社联系，向专家学者请教，往返多次，不辞辛劳，不怕麻烦。她曾告诉我，有一次住宾馆，不小心摔伤骨折了，没等到痊愈，又忙活起来了。如今吴秋辉的遗稿业已经山东齐鲁书社和北京国家图书馆出版社印行，可张东惠女士并没有停下脚步，又在千方百计为搜求外祖散失的遗稿而东跑西颠地忙碌着。同时，她还为喜爱吴秋辉著作的读者答疑解惑，提供资料，不计辛劳，不嫌麻烦。在这方面，我深受其惠，深有体会。

吴少辉的儿女参与其事的，还有张东藩、张东林、张东园等，就连第三代，张树材的女儿张翼青也参与其中了。周永芳是吴秋辉的二女儿吴玉峰的长女，在北京工作，她利用便利条件，多次跑到北京大学向邓广铭教授求教，征求意见。他们都为外祖遗稿的出版尽心出力。

精心守护吴秋辉遗稿并为其出版尽心出力的，除了吴家后人，还有吴秋辉生前好友、门生故旧和部分著名学者。南京博物院研究员、古文字古器物学家王敦化先生毕业于齐鲁大学文学院，是吴秋辉的学生。"文革"期间，他忍痛将一生的丰富收藏，包括乃祖所遗精装《圣经》在内的大批古旧图书付之一炬，却不忍把老师遗作销毁，甘冒风险，把当年手抄老师的诗文和石印讲义《诗经正误》等匿于柜底，使其得免于劫火。解子义先生也是吴秋辉的学生，曾任山东省政府秘书长。"文革"之前，为收集、整理老师的遗稿做了大量工作。初起，他担心文稿有失，遂全部寄还老师后人，使遗稿得以保全。而他本人，竟被迫害致死。

吴秋辉遗稿的出版，曾受到学术界著名学者的关注，并得到他们的鼎力相助。北京大学教授邓广铭先生与张乾一有师生之谊，张树材与周永芳携已抄清的《侘傺轩说经》样稿前去求教，得到多方面的具体指导。中国社会科学院历史研究所张政烺先生真诚赞扬吴秋辉所著的《学文溯源》，读过《侘傺轩说经》样稿后，亲自致函齐鲁书社："我愿意负责介绍给贵社出版。"任继愈、杨向奎、何兹全三位先生连署向齐鲁书社推荐《侘傺轩说经》书稿，并说："我们以为齐鲁文化本为我国五千年文明的核心内容，为了发扬这种传统，主张刊印这部有关《诗经》的著作。"正是这几位知名学者的大力推荐，《侘傺轩说经》才得以出版。

经过两代人几十年的艰苦努力，目前，吴秋辉遗稿的出版情况是：

吴秋辉逝世七十周年的 1997 年，齐鲁书社出版《侘傺轩文存》；

2001 年，北京国家图书馆出版社出版手稿影印本《说经》；

2007 年吴秋辉逝世八十周年，齐鲁书社决定出版由张树材钢笔正楷抄写的《侘傺轩说经》，第二年面世；

2011 年，北京国家图书馆出版社又出版手稿影印本《吴秋辉遗稿》，共五册；

2018 年 8 月，北京国家图书馆出版社又出版三卷本的《吴秋辉遗稿补编》。

吴秋辉逸事拾遗

冷滩头淘书

吴秋辉一生博览群书，可他的住所却没有几本书。他读的书从哪里来？一是借，1914 年所写《稷门秋感》一诗中有这样的诗句："书从客借犹堪读，名尚人知不算穷。"他天资卓越，记忆力特强，书借来读过，便记在脑海中了。二是淘，从冷摊头即旧书摊淘书，见诸文字记载的有三处：

（一）一本旧诗集。他说："诗格近北宋，自是当时风气如此。乾嘉后试帖肇兴，士多习于空滑，久无此笔墨矣。癸亥（1923 年）七月五日侘傺生志。"

"此册系乙卯（1915 年）春购于历城冷摊上，今复阅之，为时已九年矣。头颅如许，故我依然，读罢为之三叹。"

（二）一部南宋朱熹所注《诗集传》。1926 年 10 月 9 日在写给梁启超的信中曾写道，民国六年夏，旅寓济南，有人携《楚辞集注》来看望他，他留阅此书，发现不少问题，便着手写作《楚辞正误》，"属稿未半，适因考察古韵，特从冷摊头以铜子 30 枚购得《诗经集注》（应为《诗集传》）一部"。

（三）一卷《印度遗事》。也是上面所说在给梁启超的这封信中，他又写道："民国十年冬，偶有事乎天津，从冷摊头购得甘泉、毛乃庸所译日人之《印度遗事》一卷，中载印度之《吠陀》，其形式与时代，恰与我国之《诗》（指诗经）不相上下……"

传统读书人，大都有淘书的经历。一个淘字，诠释着书痴寻觅、筛选之苦，也显现着他们的得书之乐。从吴秋辉以上三则文字中，也不难想见他当年淘书的快乐心情。

吴秋辉与酒

古代文人雅士，饮酒赋诗，留下不少趣闻佳话。吴秋辉少喜诗赋，17岁便以善写诗词知名于乡里。同时，他也有喝酒的嗜好，在我所见到的他的一百多首诗篇中，就有三十余篇写到喝酒之事。比如《甲午重九登舍利宝塔》一诗，内中就有"苍茫宇宙无穷恨，痛饮狂歌读楚骚"的诗句，此时他才17岁。以后的诗作中，不时出现或自酌或与友人共饮的诗句。最晚的一首诗，是1927年3月20日为恩师傅绍虞先生80寿辰而写，内中有"敢持一尊酒，用代九如篇"的名句。吴秋辉不仅嗜酒，而且能喝善饮，这有他所写"酒国诗城久擅场"之诗句为证。当然，更多时候，他是借酒"浇垒块"，"破牢愁"，"解愁颜"，正如《吴秋辉先生事略》中所写："既见时事日非，遂抱消极主义，潦倒穷愁，日以诗酒自放。每值风月之夕，泛舟明湖，狂歌豪饮，笑骂万端……"

吴秋辉喝酒，一是独酌，如《雨坐》："床头浊酒自斟酌，槛外幽禽时往还"；又如《壬子生日作》："浊酒自斟还自笑，迩来惯作不平鸣"；又如《感事》："有时长歌代痛哭，还将樽酒遣愁闷"等，抒发心中的不平和愁闷。二是与一知己畅饮，如《秋日同张怡白游大明湖放歌》："看茫茫天道，且分付酒千瓢"；如《同赵清潭登味凉亭小饮》："十亩湖山供笑傲，半生诗酒托伴狂"；又如《哀歌行赠杨秋屏》："痛饮狂歌连深宵，梨花拨尽床头甓"；又如《同单警斋金铭夜饮》："文章自叹秉新法，樽酒时还觅故人"等等，更多的是谈论学问，畅叙友情。三是与众人同席共饮，如《明湖修禊》："挈伴明湖载酒行，天涯弹指又清明"；又如《李和卿县长招饮湖上》："赖有清廉贤地主，敢辞万盏醉流霞"等等，表达的是一种愉悦心情。张默生1924年来到济南齐鲁大学任教，第一次见吴秋辉是在一次宴会上，只见他满脸骨骼突出，像一个干姜般的老头儿，衣服污秽肮脏，很不入时。但他态度很自然，言语动作非常随便。当时他坐的是首席，时时和一位博学健谈的老者有说有笑，有时谈到学问的领域，他们便争辩不休，那位老者总是争辩不过（详情见张默生所写《现代学术界怪杰吴秋辉先生》一文），从这里又可见吴秋辉在酒场上的另一副面目。

三首绝句与一位佳人

吴秋辉《寄傲轩吟稿》载有三首绝句。三首绝句前面有一说明或曰小序，写道："余在某氏家助祭，有人□（此字难以辨识，缺）及余一女子，曰：'此即吴桂华也。''闻其才颇隽上，今观之果不谬。'因连赞不已。后其人以告余，余闻之且感且愧，遂书三绝句以志慨。"这一小序意思是说，吴秋辉被一家丧主请去当助祭，有人领着一位女子指着吴秋辉说："这就是大名鼎鼎的吴桂华。"这位女子对陪伴她的人说：早就听说吴桂华天才聪颖，俊逸出众，今天一见果然不虚，并连连赞赏不已。事后这个人把女子的夸赞告诉了吴秋辉，吴秋辉既为女子的独具慧眼所感叹，又为自己的潦倒无为所羞愧，便写了三首绝句来抒发自己的心情。

这三首绝句是：

> 潦倒青衫剧可哀，久拚书剑老蒿莱。
> 谁知扰攘风尘际，犹有佳人解爱才。
>
> 驰骤名场二十年，青衫风味尚依然。
> 可怜辜负佳人望，未得乘槎向日边。
>
> 酒国诗城久擅场，闻望应已并王杨。
> 姓名任□（此字难以辨识）千人口，不及佳人齿舌香。

读过之后，我觉得颇有点才子佳人互相爱慕的风流意趣。不知读者读后有何感触？

一份珍贵的资料

2018年12月16日，我收到西安张东蕙女士从微信上发来的她的母亲吴少辉80岁时手书的一份资料，全文如下："临西县修××谈到车白闻老前辈。我的内心对他老人家非常的钦佩。他老人家曾是军人，但对于文学界的人很重视。我是临清考棚街吴秋辉的第六女吴少辉，先父于一九二七年逝世于济南，二八年春尚未发丧。春季车老派人送给二百元，直到今日如在眼前。先父生前近十年没回故里，他穷困，在济南闭门写作。他逝世后收到不少的丧仪，足够他发丧的。因为他生前虽然穷困一生，但不向友人借钱，生活节俭，就是家里的祖产，他也没有沾过，所以饥寒交迫而逝世。少辉每思此事，甚为心痛。"

说这份资料珍贵，一是为其女吴少辉亲见亲历，真实可信；二是它说清了吴秋辉生前为人，即虽生活穷困，但洁身自好，既不向友人借钱，也不沾家里的祖产（他老家日子殷实），一心向学，闭门写作；三是它证实了吴秋辉感天动地的才能如何受到世人的尊崇。吴秋辉逝世后，曾"收到不少的丧仪"，家乡的车白闻又送来 200 块大洋。我查临清文史资料，知道车震（1860—1937），字白闻，临清摇鞍镇贺伍庄（今属河北省临西县）人，光绪二年随父游学于天津，后进入北洋武备学堂，投入军界，最后升为师长。1914 年夏，张自忠投奔车震，受到器重。后车震离开军队，回到临清，从事慈善事业，深得百姓尊敬。现存资料证实，吴秋辉生前和车震没有交往，也没有见过面。是他的才学引起车震的"重视"。二百块大洋，这在当年是多么重的一份丧仪啊！由此可见车白闻爱才心之重，也可知吴秋辉影响力之大。

（本文所写第一则逸事曾载 2019 年 10 月 19 日《联合日报》）

学术篇

吴秋辉"为往圣继绝学"

北宋哲学家张载在其所撰《语录拾遗》一书中记有这样一段话："为天地立心，为生民立命，为往圣继绝学，为万世开太平。"1995年春节，季羡林先生对我这个小老乡寄予厚望，将这四句箴言书赠给我，我总感觉这四句话标准太高，分量太重，实在是不敢当，所以迄今一直未敢装裱挂出去。我也曾想，从古至今真正达到这个标准的，人世间又能有几人？但要说"为往圣继绝学"，我倒觉得就精于吐火罗文来说，季羡林算一个；在中国古代典籍与古史的研究上，吴秋辉则是"继绝学"的佼佼者，几百年来未有能出其右者。

何谓绝学？《辞海》解释说，绝学含有两层意思，一是说"宏伟独到的学术"，二是说"失传的学问"。按照这一解释，我以为我国的"五经"即《书经》（《尚书》）、《诗经》、《礼经》（《仪礼》）、《易经》、《春秋》以及《论语》、《左传》等一些古代典籍，应该说是绝学，因为它们成书最早，内容博大精深，对后世影响至大至远至久，而又被后学者误译、误解，不复本来面目。吴秋辉正是洞察这一状况，下决心研究古代典籍和古史，并表示"吾将在古代文明史上开一新纪元，而在学术史上起一大革命"（《吴秋辉先生事略》）。

吴秋辉认为，秦朝以前的书，都是用古文写的。所谓古文，有甲骨文，有钟鼎文，而甲骨钟鼎，各地有各地的写法，一时代有一时代的写法。各种经典传到各国去，各国也必有不同的写法。从秦始皇的统一文字令看来，就知道秦朝以前，各地的文字是不同的。秦朝统一的新文字是小篆，于是便把用不同文字写出的经书、子书，都下令焚烧了；即使烧不完的，传到汉朝来也是用小篆传写的译本。而且古文字，因为时间空间的不同，早已译来译去，互相传误了：一误于甲骨的译钟鼎，再误于各国文字的相互译，三误于大篆的译小篆，四误于小篆的译汉隶，因此汉朝人所见的经典原文，都是难免有错误的。（张默生《现代学术界怪杰吴秋辉先生》）他也曾谈到自己读古代典籍的情形。1917 年夏天，他拿到一本《楚辞集注》，"披览之下，偶然发现中间伪字多处，一为推寻其致误之由，又多非今文之所能解释。抽绎再三，乃始恍然于楚辞原系古文，洎汉景帝时，淮南王安始译作今文。汉人于古文本不了了，故于其多数与小篆不甚相远者尚能无误，而体例稍涉殊异，便不能辨识……华于古文幸少有偏嗜，粗能窥其崖略，因得无意中，洞见其症结，执是以推，有若干不可通处，皆得怒然而解。"他说："因念《楚辞》为我国词章之祖，乃天地间有数文字，其关系于我国文学者甚重。既有所见，不可不明著之，以供当世之商榷，于是乎有《楚辞正误》之作。"后来他读《诗经集注》，发现《诗经》中类似《楚辞》中的错讹之处"正复不少"，"因复念三百篇为我国文化之本，其重要识《楚辞》殆不啻千百倍，事当急所先务，于是乎乃又抛弃《楚辞》而专致力乎《诗》，是为愚从事治经之始"。他说自己治经，"闭户殚精，谢绝百事，虽箪瓢屡空，亦所不恤，今前后殆十年矣"。（以上引文均摘自《吴秋辉致梁任公书》）

吴秋辉考证《诗经》的时代，"皆有周一代之诗"，"下迄于陈灵公，《月出》《株林》二诗是也。其事在宣（指鲁宣公）之十年（公元前 599 年），诗之辑更于其后，则其去孔子之生（公元前 551 年），中间仅四十余年"（《说经》5 页）。孔子对于《诗经》之篇章次第，实曾有一番修正，但并未尝删诗。吴秋辉说："考孔子屡称诗三百，则是当时所传颂之诗，实只三百。"（《说经》6 页）又说：孔子不仅未尝删诗，"且尝增诗，则《商颂》五篇是也。"（《说经》6 页）他还说："《诗》自孔子后，其有得于《诗》者，当首推子夏。今观其所为小序，虽止寥寥数字，无一不千锤百炼，自钺肝刿胆中来。其言悉扼要钩玄，置身题外，无一字入诗之中，却又无一字不鹽诗之脑。"（《说经》7 页）自子夏后，特别是秦汉后，诵习《诗经》者"不下百千万众，述说者无虑数十百家，即言《诗》之书，亦几乎汗牛充栋，则似乎诗人之微言大义，以下至一名一物之微，均当章明于世，而毫发无遗憾矣。乃综旧说观之，不惟于言中之文，言外之意，多未能考见；即诗之全文，亦若未尝寓目者，是真怪事矣"（《说经》153页）。他认为历朝历代先贤的注疏，或妄加揣测，附会缘饰；或凭空捏造，自欺欺人；或妄改经文，伪撰文字，说经而经反晦。他说："故谓《诗》自子夏后，竟无一人能得其解，非过论也。"（《说经》25页）

吴秋辉治经，源出有据，绝不说游移无根之语，自欺以欺人。他曾说："愚之治经，必求其经之某某，即今之某某，或其遗蜕，一洗从前指山卖磨，以不知还不知之积习，故特注意通今。"（《致梁任公书》）面对先贤注疏中对诗意的曲解、对一些古文字的误译，对鸟兽草木之名的误识，以及由于不通古音韵或方言而产生的种种误解等等，他凭借自己通晓古文以及对名物、方言的熟悉，参照其他经书，一一做精密的考订，使"千百年来不少陈陈相因的误解的滞碍，得以焕然冰释"（任继愈《侘傺轩说经·序》），并成就一部三十三卷，八十余万言的皇皇巨著《说经》。谈及治经的体会时，他说："此非余之材力为独绝，诚以古人传世之书，只此寥寥数种，故其精神脉络，常相通贯，言见于此者，或义存于彼。"（《文存》447页）

与此同时，吴秋辉在对《尚书》做了精心考订后写出《说尚书》一文。他首先考证了《尚书》成书的时代，说："古人之书，其得传于世者，厥为《尚书》。《尚书》之作，实托始于夏之中叶，观其于尧、舜、大禹之事，皆曰稽古。又其文率作本纪体，与后之多自为篇者迥异。则其率由夏之史官所追录，可断言也。"又说："前人引《舜典》辄云《夏书》，义亦如此。读者不察，反疑其误，可笑也。"（以上两段话均引自《文存》328页）他对《尚书》的流传过程及其产生的讹误错乱，做了精准的说明。他认为，"古书中，以《尚书》之译笔最坏，至今尚陷于无从纠正处"（《文存》408页），他表示，"在今日欲纠正《尚书》，今世现有之古龟卜、吉金文字，恐尚不敷用，然亦稍有所补助。诸经毕后当徐及之也。"（《文存》332页）可知他今后是要对《尚书》详加考订，以使其恢复本来面目的。

吴秋辉对《易经》研讨后也有真知灼见。张默生所写《现代学术界怪杰吴秋辉先生》一文，记载了如下一则故事：一次，有一位经学大师，自负对于《易经》有深切的研究，认为是"四圣心源"，前来向吴老挑战。我正处在观战的地位，但我知道，那位大师一定经不起打的。果然不到三五回合，那位大师败下阵来，做了他的俘虏。吴秋辉首先批驳了所谓孔子"赞易""作十翼"之说，然后论证《易经》这部书，就是一部算卦的书，他说："占卜这件事情，在古代并无迷信的意味，只是借此来解决人事上的纠纷，所以说，占卜之术，在古代是很有用的。"他还说，后来不知经历多少岁月，耗费多少人的脑汁，才成就这部像占卜又像哲学的书。他同时也指出，占卜之术，不但于人事上不能尽指导的功能，反而给了人们"侥幸"和"自暴自弃"的心理，这是人们的无出息处。吴秋辉的论述，让前来挑战的所谓经学大师俯首连连称是，也折服了当时在场的张默生先生。1924 年仲秋，他写过一册《周易考略》，内中仅存《八卦之起源及其发生之顺序》一文。他设想把对《易经》的全面研求，放在诸经之后，他说："至《易经》，则余与夫子，抱有同慨，尤须期诸最后。其义较深，而其事则似可缓也。余之于《易》，非忽视之，实难视之也。"（《说经》514—515 页）

吴秋辉写作《说三礼》（即《仪礼》《周礼》《礼记》）一文，重在说《仪礼》。他说："《仪礼》出自谁氏，文已无征。至近亦当为孔子时门人所记，而其前尤必远有所本。孔子所雅言之礼，殆即指此而言。今观其文字之精严正确，无一字出于影响，无一字可以移易，直与《诗》《书》《易》诸经同一笔墨。又其所沿用之字义，多为其最初者，其在后人已无从考知其本来，唯赖此书，尚可以上窥古人六书之遗意。"（《文存》322 页）这些文字就把《仪礼》成书的年代说得清清楚楚、明明白白。此文又说："古《礼》五十六篇，其传于今者仅得十七。其所致误之原，吾人已不能多所考见。"（《文存》325 页）可知吴秋辉遇有不知，并不妄加揣测，治学十分严谨。他考证先贤对《仪礼》的注疏，曾说："句读之错误者，以《礼经》为最多。"（《说经》234 页）对东汉郑玄的注释更是不满意，他说："大抵一部《礼经》，多被此公说坏，至今尚谬种流传，未之或艾。欲纠正之，则非荟萃全经参互印证，详细研求，以重为注释不可。特其书卷帙稍繁，非专心致志，期之以十年，不能藏事。余于《诗》《论语》《左传》《尚书》后，当从事于此也。"（《说经》514 页）这是吴秋辉治经的一个设想，一个规划。

《春秋》为五经之一，编年体春秋史，起于鲁隐公元年（公元前722年），终于鲁哀公十四年（公元前481年），是鲁国史官编纂的。吴秋辉对《春秋》也做了精细研求，他说："《春秋》为孔子所手定，而《诗》则为孔子所雅言者。故《诗》中所言之事实，求之《春秋》，无不得者。惟世人既不知《诗》，而经文又仅撮举其概，不详其事实之节目，遂无人研究及此耳。《诗》与《春秋》，固互相表里者也。"（《说经》837页）

他对《论语》也有自己独到的看法。他说："《论语》中称有若（孔子学生，生于公元前518年，卒年不详）称曾参（孔子学生，生于公元前505年，卒于公元前436年），都不直书其名，而称之为有子、曾子，可见《论语》的成书，已在有子、曾子之后，或者就是有子、曾子的门人所作。"（引自张默生《现代学术界怪杰吴秋辉先生》）他在写给梁启超的信中也谈到《论语》，曾说："其出孔子后而可以经称者，则唯有《上论》，十篇中尚须除去西汉末张禹所赝入之《齐论》一部。《下论》则为战国晚年人所续辑，其可存者不及十一，且多有背谬不可训处。故其为《齐论》《鲁论》，可无分也。"由此可知吴秋辉对《论语》的考订是精准的。他还研求《左传》，认为"左氏文最明，然亦有错误数十处"（《说经》234页），又说"《左传》于春秋初年事，皆甚脱略。殆因年湮代远之故，以《诗》考之，其当参补之处颇多"（《说经》829页），"暇当一一考证之也"（《说经》234页）。

吴秋辉凭借笃实的工具和方法考订经书以及先贤的注疏，发现"经书所传之古义，其能昌明于世者，几于十不得一也"（《说经》254页）。因此他认定，"吾国春秋以前之古史，大抵须根本改造，改造之道无他，探源《诗》《书》，济之以古器物文字及各种实迹"（《文存》489—490页）。为"继绝学"，恢复经书、古史的本来面目，他旁征博引，拨乱反正，尽心竭力，呕心沥血，十年时间，取得了辉煌成就。梁启超曾由衷盛赞他"识力横绝一世"，非过誉也。

吴秋辉曾不无忧虑地说："昔孔子尝抱《雅》《颂》不得其所之憾，乃未及修正而殁。余之憾亦同此，不知其能得偿否也。"（《说经》1046页）不想一语成谶，刚刚五十岁的吴秋辉便驾鹤西去了，空留下治经的宏伟规划，令人扼腕叹息。

好在吴秋辉的遗著已先后问世，他开创的治经新路子足启后学。但愿有志于研究古代典籍的后学者，沿着他开辟的治学道路，"一惟就经书之本体求之，置战国后人之一切谬说于度外，全不使有丝毫得犯吾之念虑。则古人之真，庶几可复见乎"（《说经》1018—1019 页）。

吴秋辉读书有法

　　吴秋辉能够"为往圣继绝学"，廓清两千余年来笼罩在经书之上的种种迷雾，固然是因为他的旷世奇才，也与他善于读书、读书有法息息相关。

　　根据吴秋辉的著述和有关资料，我觉得他的读书之法可以概括为以下几点。

　　一、由浅入深，循序渐进。吴秋辉束发受书，就酷喜诗词、小说，不肯学作时文、八股。后来研究各个领域的学术，是袭用俗语所谓"狸猫倒上树"的法术，他是自"五更""十二月"之类的小调子读起，由此而戏本，而鼓词，而弹词，而南北曲，而两宋词，而唐诗、六朝诗，而汉魏乐府，直至楚骚、三百篇，这是他韵文辞章的一条道。他是由神奇鬼怪的小说读起，由此而历史演义小说，而《纲鉴易知录》，而《资治通鉴》，而《二十四史》，直至《春秋左传》《尚书》；旁涉唐宋八家文、汉魏六朝文，直至周秦诸子文，这是他散文史学的一条道。他说"小孩子初蒙读书，就硬叫他读四书五经，这种老师，简直是该打"（以上引文摘自张默生所撰《现代学术界怪杰吴秋辉先生》一文）。由此可知，由浅入深，循序渐进，这是吴秋辉的一种读书之法。

　　二、于无声处，静心读书。读书要有一个安静的环境，这恐怕是人们的共识。吴秋辉对安静的环境要求更严、更高。他的故居紧邻市区繁华的考棚街，离京杭大运河也只有百步之遥。因此，嘈杂的叫卖声和运河上船工拉纤的悠长号子声，日夜不绝于耳。我听吴秋辉的后人说，每当他要读书时，必定把大西屋的门窗遮蔽得严严实实的，与外界完全隔绝开来，然后点一盏如豆的油灯，安安静静地看书。家中实在安静不下来，他就跑到城外寂静的古寺读书。他有一首《游净宁寺》的诗，自注曰："寺僻居城外，游历无人，寺僧多就庭前隙地种菜。"这首诗虽然没有明确点出他在寺中读书，但从"老僧质朴知留客，为拂尘床置黍羹"的诗句，我们不难想象，他在寺中之所以逗留时间很长，就是为了读书。他还有一个与众不同的习惯，就是夜间读书或写作。据张默生所写，"他在夜间，从不睡觉，据他自己说，已经五年没见过太阳了，他自己题像赞，有'不知是人是鬼'之句。对他最贴切的比喻，他认为是鸱鸮（俗称猫头鹰）。他自己常说：在白天什么混账王八蛋的声音都有，决不能研究学问；唯有万籁俱寂、夜趣独得的时候，才是他思路活动的良机。他说：夜间读书或著作，一夜抵十日之功；可惜世上糊涂人太多，不知利用这种境界，所以在学术上永没有开朗放晴的一天。"这是吴秋辉的独到之处，这也是他读书的深切体会。

三、博观约取，优而游焉。这句话是吴秋辉在写给他的弟子、山东著名画家关友声的信中说的。他博览群书，吸取精华，悠然自得其乐。他在这封信中写道："大抵读书一道，虽曰求学，然原系人性分内事，切不可求乐得苦。吾见世之苦学者，卒无得有善果者也。博观约取，优而游焉，以俟其至终，必有所成就。"读书原本是求得内心的欢乐欣喜，如果一味苦读，不仅对身体有害，而且在学业上也不得善果。这是他对弟子的谆谆教诲，也是他读书的切身经验。他就是这样读书的。他在《秋日同张怡白游大明湖放歌》一组散曲的《后记》中曾说："余与怡白同里，年相若，少日皆好南北词，每相逢辄以背诵曲词为乐。举凡《西厢》《琵琶》《临川四梦》《粲花五种》，以及清代之《桃花扇》《长生殿》等，凡其辞藻馨逸、篇章整饬者类能上口……此唱彼和致足乐也。"他在读曲词时乐，与乡友相见比着背诵也乐，其乐无穷也。他读《诗经·常棣》一篇，恍然悟得"每有良朋，烝也无戎"之"戎"字，原系"汝"字之假借，为此曾"为之欢跃者累日"。当朋友王石朋解读《诗经·生民》一篇中之"以赫厥灵。上帝不宁，不康禋祀，居然生子"四句话，吴秋辉心中多日的疑惑得以涣然冰释，他曾说："余闻之乃心开目明，距跃三百，几如积世沉疴之去体。"在吴秋辉眼里，读书之乐，无可比拟。

四、认真读书，细心批注。读书时，发现书中写得特别好或者有缺陷处，随时加以批注，这倒是一种传统的读书之法，有些古人已做出了表率，比如张竹坡评点《金瓶梅》、毛宗岗评点《三国演义》、李卓吾与金圣叹评点《水浒传》、脂砚斋评点《石头记》等等。吴秋辉运用这种读书方法可谓得心应手，为后人留下一笔宝贵的精神财富。经吴秋辉后人多方搜集整理，2018 年 8 月由国家图书馆出版社印行的《吴秋辉遗稿补编》（共三册），内中主要就是吴秋辉批注的书，比如第一册是批注宋朝朱熹所撰《诗集传》，第二册是批注梁启超所著《清代学术概论》和《戴东原二百年生日纪念文集》，第三册是批注清代俞樾所撰《群经平议》。我想，吴秋辉批注的书应该还有，不会仅仅止于这些，希望有心人士广为搜集，功莫大焉。记得张默生说过这样一件事："谁不知王国维的《宋元戏曲史》，推为当时谈宋元戏曲者的独步呢？我曾把王著拿给他看，并请他批评，他漫不经心地接过去，掀了掀目录，随即放在床头，对我说：'等我看过以后再谈吧。'第三天，我去访他，他把王著交还我，说是他的意见，已简单地分写在书的上方，让我拿回去仔细看看，就可知道他对于此书的意见了。当时他也曾说了几句认为王著大体平妥的话。及至携回来一看，他在书眉上，写的随处都是意见，有的是史实的错误，有的是名词的错误，有的是曲调牌名以及胡名汉译的错误，尤以该书的总论中指出最多。我因为对于戏曲无甚研究，也不敢遽断为谁是谁非；但是我曾听了吴老关于"词曲的源流"的一次演讲，他却是说得原原本本、头头是道，让我这门外汉亦不得不为之首肯了。他手批的那本《宋元戏曲史》，年来常常携带左右，现在已随国土沦亡了。"吴秋辉批注的《宋元戏曲史》，看来恐怕再也找不回来了，实在太可惜了。

五、熟读精思，融会贯通。古人关于怎样读书的箴言佳话不少，比如什么"读书百遍而义自见"，什么"故书不厌百回读，熟读深思子自知"等等，强调的是熟读，反复地读。吴秋辉则更进一步，主张要把书读得烂熟，最好是能背诵，他说："能把一个人的著作全都背下来，才能对于一个人的学说融会贯通，才能把握住他的中心思想。"（见张默生所著《现代学术界怪杰吴秋辉先生》）他本人就是这么做的，凡他读过的书，包括一些古器上的铭文，都能背下来，并经久不忘。不仅如此，他还对读过的书精审细思，力求融会贯通。比如他说："屈原作词，命之曰《离骚》。'离'即今'罹'字，谓'遭'也。'骚'，古文皆作'乱'字解。'离骚'犹云'遭乱'，明其词为遭乱而作也。二字本无甚难解，且皆为其本意，而二千年来，臆说纷纷，谬误相承，竟无人能窥其真象。其命名之题目，犹不能知，更不论其文字矣。"（《文存》366页）他解读《诗经·我行其野》，行文至最后说："似此冰释雪亮之文，千载而下，犹口吻如生，乃竟沉霾于浓云浊雾中者千有余年，何世间能读书者之少耶！"为此，吴秋辉常常感慨世间真能读书者少，不善读书者多，他们多半不求甚解，潦草读过，模糊置之。

我相信，吴秋辉的读书之法，定会对后学者有所启迪，成为他们治学的"他山之石"。

吴秋辉治学之严谨

吴秋辉天资卓越、才识高远、卓异不群。他治学考古，"披览古书，沉思往事，研精探微，心解神契"，其著述"足使闻者惊心，见者叹服"（引自《吴秋辉先生事略》）。但他并不恃才傲物，治学态度甚是谨严，一是一，二是二，源出有据，绝不说游移无根之语，自欺以欺人。他曾说："愚之治经，必求其经之某某，即今之某某，或其遗蜕，一洗从前指山卖磨，以不知还不知之积习，故特注意通今。"（摘自《致梁任公书》）

我以为，吴秋辉治学的严谨，主要表现在以下四个方面。

其一，方法科学，工具笃实。他治学考古，以古文字为第一之武器。他认为，人能识古字，才能读古书。而他对古字"少有偏嗜，粗能窥其崖略"。所以，当不少学者还仅仅局限于许慎的《说文解字》，而吴秋辉已用新出土的甲骨卜辞的记载考订先秦典籍了。对于一时不能识别的古字，他也绝不臆造，而是老老实实地承认，比如，若"吉"之龟文写法，"尚莫明所取义也"（《文存》60页），有的龟文则明确说明"不可识"。其次即为古器。他认为古器所记之事实，与《诗经》多同出一时代。他说："吾人生数千年后，得藉以窥见上古文化之斑者，实全赖乎此（指钟鼎）也。"（《文存》199页）《诗经·十月之交》一篇，有"择三有事"一句。"有事"即为"有司"，《毛公鼎》铭文有记载。三有司，泛言之即百官也。吴秋辉说："然使非古器重出，吾人又乌从于两千余年后，考订成周之官制哉？"（《说经》202页）再次即为语言事物。他说："古今相去虽二三千年，语言事物不免一部随时变易，而在实质上，必不容以尽泯，其蜕化之迹，固不难于历溯也。"（《致梁任公书》）他说自己"少贱多能，于事物之体象名称，亦稍能窥其崖略。故暇辄弄笔，取《诗》义之不合者择尤而订正之"。再次则是以经证经。吴秋辉认为，"同以经称，所言必当可信"，所以他在治经考古时，不得不扩大范围于各经，力求找到佐证。他用以上方法治学，使不少千百年来陈陈相因的误解，得以涣然冰释。

其二，且存阙疑，以待来者。吴秋辉曾说："第一人之材力有限，势难遍及，与其牵强附会，苟且成书，何如阙其所不知，留以待后人之搜讨。故书中遇有确知其谬误，而考之尚未能得真义者，亦表而出之，冀他日读者触目感通，续有所得，起而作他山之助，渺渺来修，焉知先秦旧本无复完之一日耶？"（《文存》265页）他自己就是这样做的。他考证《诗经·谷风》"泾以渭浊，湜湜其沚"两句诗，见宋人朱熹释为渭清，泾浊，泾未入渭时清浊不显，泾入渭时，清浊始分。吴秋辉从文义上考证，并未完全迷信朱熹的注释。他说："余于水道素未殚心，又未尝身临其地，不敢悬揣以为断。"他考证《诗经·中谷有蓷》之"蓷"字，前人注释"蓷"为益母草，他认为大谬，因为蓷果为益母草，本就生长在"中谷"之中，不会"暵干"。但"蓷"究竟为何物？他说："蓷字在今，实已无从确指其为何物。要其物必为水草之一种，故一至中谷，遂至于暵干。世有博物君子，即予言以求之，或当不难以得其梗概也。"（《说经》159页）所以他主张，"人之所不知者，概当阙疑，以俟后来之或有所发见"（《说经》157页）。他对陋儒强不知以为知，自欺以欺人，深恶痛绝，曾说："宋儒习气，每喜师心自用，而以阙疑为耻，习俗移人，虽贤者（指朱熹）亦所不免也。"（《文存》270页）他还说，这些人"不通无可非，其不通谬示人以通，则其至可鄙也"（《说经》534页）。

其三，知错认错，勇于改正。吴秋辉虽然才识卓越，义理考据皆高出前人之上，但有时也会出现错判。比如1925年他所写《说幽》一文，一年之后，发现其中有弄错的地方，立刻在文后写了一段话予以纠正："今复阅此文，已有需改正处。燹之有王，前已言之。至雕、沮乃二水，雕在上而沮在下，雍州之名即本此。篇中合为一水，亦误。甚矣，考古之难也。丙寅八月八日，侘傺生又志。"（《文存》384页）他在后来所写《汭渭考》一文中，对上面所说的错误再次作了说明："前作《豳考》（实为《说豳》），尝误和雒、沮二水为一，故特于此正之。"（《文存》466页）又比如1921年10月，吴秋辉对《诗经·关雎》一篇中的荇菜做了考证，到了1923年6月，发现前作有错，于是又重写了一篇《荇菜考》，并在文后说："因前考实大错误也。二年之间，其见解差异如此，考古初非易事也。而愚人偏好护前，则其终亦惟止于错误而已。"（《说经》997页）古今事实说明，不少文人"好护前"，好自以为是，好文过饰非，而能够发现错误，马上纠正，并加以说明者甚少。我从吴秋辉知错改错的这一优点看到他的赤子之心。

其四，穷极思考，不知则问。吴秋辉治学，遇有疑难问题，常常经年累月地穷极思考。比如《诗经·常棣》篇中"每有良朋，烝也无戎"，"戎"字既不可解，与上文"侮"字韵复不合。历来经学家对之不加以精密之研究，而是拟议百端，卒无一能得其奥妙。他说，"余少读《诗》至此，即怀疑问。三十年来，每一念及，辄觉如鲠在喉。穷极思考，终不能通其故"，"是以日常往来于心不能去"（《说经》85页）。1920年6月，偶然翻阅此诗，始恍然大悟："盖古音读戎如汝，故其于汝字，往往假戎字为之。"所以戎字即汝字也。烝，众也。"烝也无戎"，言虽众，终无若汝者也。吴秋辉欣喜地写道："二千年之症结，一旦以无意中得之，且其义只在眼前，可云厚倖。援笔书此，为之欢跃者累日。"（《说经》86页）但他也深知，"岂有人而事物无不知者哉"。所以遇有实难解开的地方，他便与人商榷，向人请教。比如《诗经·生民》一篇，"以赫厥灵。上帝不宁，不康禋祀，居然生子"四句诗，吴秋辉仅能推知"以赫厥灵"为谓其啼声甚洪大，至下三句，则始终莫能了了。此处不了了，则上下文之大意直无从说起。他说："数年来余尝向石朋（王石朋，吴秋辉之友）言之，并告以余所研究之结果，磋商者不知凡几，终则仍以疑义置之。岁甲子八月廿七日，石朋忽过余告曰，昨夜就枕后，偶思及《生民》之诗，取上下文熟玩之，始恍然于后稷之生乃适在庙中，正当禋祀之时，已自不吉，而又啼声洪大，惊其座人，致使人神不安，几不得康宁以卒事，此其所以恶而弃之也……余闻之乃心开目明，距跃三百，几如积世沉疴之去体，虽百朋之赐，不是过也。"

得到真解，其欢喜雀跃之情景，如在目前。由此可知，他治学求真求实、一丝不苟之严谨态度。

南宋辛弃疾在《永遇乐》词中说："千古江山，英雄无觅，孙仲谋处。"笔者写作此文，忽然也生出一种感慨：全国之大，研究古代典籍学者之多，又有多少治学严谨如吴秋辉一样的人呢？

（原载 2019 年 3 月 23 日《联合日报》）

吴秋辉说不求甚解

　　"不求甚解"一语，出自东晋文学家陶渊明所写《五柳先生传》一文。文章是这样写的：五柳先生，"好读书，不求甚解。每有会意，便欣然忘食"。显然，陶渊明在这里是借五柳先生的口吻，说自己读书只领会要旨，不过于在字句上花功夫，以表示其旷达自任。

　　吴秋辉研究经史，注重寻根溯源，弄清古人经文的真正含义。"他往往为一字的订正，旁征博引，费尽千言万语；一篇的解释，也要准乎物理人情，而出以独辟的创见。"（张默生《现代学术界怪杰吴秋辉先生》）因此，吴秋辉是极力反对读书不求甚解的。我读他所著《侘傺轩文存》《侘傺轩说经》两本著作，看到其中有四处批判"不求甚解"的案例。

　　其一，在《说经·总诂》部分，吴秋辉说："盖世人之读书，大抵皆不求甚解。意有所疑，见前人已有解释，遂不复更问其所解释者之果合与否，即模糊置之。"（《说经》26页）在《说经·黍离通义》一文中，又说："盖中国人性质，原不能辨别是非。以多自慰，以同自证，乃其牢不可破之结习。其于是也，但模糊影响，即自以为通。一妄人唱之于前，诸妄人即从之于后。斯时即再有人告之以事之真象初不然，则彼不唯不知详加考求，转且笑他人为迂执。苟再三强聒之，则彼必将舍弃其所论之是非，不以为善意之研究，而以为其有意与之为难，而敌视之矣。"（《说经》495页）吴秋辉的这两段话，严厉批评了某些学者人云亦云、以讹传讹，还自以为是的坏毛病。北京大学著名教授王瑶先生曾说："某些知识分子看起来很博学，谈古说外，其实是'二道贩子'。"（钱理群《王瑶与现代中国学术》）我觉得，这种形象的说法与吴秋辉所论异曲同工。

其二，在《渔古碎金·苞苴》一文中，吴秋辉考证，苞苴实为包俎。古人以祭肉馈人者，自俎上取下后，必用物包之，以示其洁。其包之之物，用白茅或用白菅，此苞苴字之所以转而从草也。其包之所以用草者以其时造纸之道未兴，而祭肉脂液沾濡，包其外者，则玷污而不可复用，古之人爱惜物力，故不用布帛而用草也。吴秋辉说："今按古人所用以包物之草，乃一种特制以备用者（将茅或菅入水中沤之，去其杂质，茅或菅由黄渐变为白），与通常之草绝异。世人读书不求甚解，多混视以为生草。"（《文存》361页）在这里吴秋辉指出，一些人读书粗枝大叶，囫囵吞枣，满足于一知半解，浅尝辄止，往往闹出笑话。《仪礼·特牲馈食礼》中有"雍正作豕"之语。吴秋辉考证雍乃宰夫之俦，亦即厨夫也。清世宗年号，取用"雍正"二字，殊为失检，是不求甚解之咎也。

其三，吴秋辉在《说经·何彼襛矣通义》篇中又说到不求甚解。《何彼襛矣》是《诗经·召南》中的一篇，写王姬归于齐之事。所谓王姬者，乃桓王女，平王孙。所谓齐侯者，乃齐禧公之子，襄公诸儿也。此事经传俱在，按册可稽，无奈陋儒宁信其无根之谬说，而置经传于不顾，竟把诗中平王解释为平正之王，齐侯解释为齐一之侯。无中生有，明为解经，实为诬经。吴秋辉说："即诗言观之，知王姬之归，齐襄实尝亲迎于鲁……不待书而自见，此正古人文字之谨严处。后人以其不求甚解之眼光读之，乌在其不视以为断烂朝报耶！"（《说经》1078页）这种研索自明的经文，不加深入切实的考求，反视为陈腐杂乱没有价值的历史记载，足为不求甚解之明证。吴秋辉曾说过，研习《诗经》者不下百千万众，"综旧说观之，不惟于言中之文，言外之意，多未能考见；即诗之全文，亦若未尝寓目者，是真怪事矣"（《说经》153页）。不言而喻，产生这种怪事的原因就在于不求甚解。屈原作词，命之曰《离骚》。吴秋辉说："二字本无甚难解，且皆为其本义，而二千年来，臆说纷纷，谬误相承，竟无人能窥其真象。其命名之题目，犹不能知，更无论其文字矣。"（《文存》366页）

其四，吴秋辉在训释"蕳"字时也说到不求甚解。《诗经·郑风·溱洧》

诗中写道："溱与洧，方涣涣兮。士与女，方秉蕳兮。"吴秋辉说："今按蕳之为兰，此但就文意上推测，即不难想知之。特蕳之何以为兰，又兰之确系何草，初未有能言之者。则读书不求甚解之咎也（陶潜之读书不求甚解，世或以为达，实则此正中国人历代相传之劣根性。盖非不求甚解，直不求解也。中国上古之文明，率皆为此种人所误。与其不求解，何如并不读书耶）。"（《说经》932 页）这段话说得何等明了、透彻，真是一针见血！

吴秋辉曾说，"读书贵精审，初不可以一孔拘也"（《说经》833 页）。又说："吾愿世之学者，一惟就经书之本体求之，置战国后人之一切谬说于度外，全不使有丝毫得犯吾之念虑，则古人之真，庶几可复见乎。"（《说经》1019 页）这是吴秋辉的一点希望。我想，吴秋辉关于不求甚解之论说，或许对于今天的读书人有所启迪。

（原载 2019 年 3 月 30 日《联合日报》）

吴秋辉的治经之路

吴秋辉生逢清末、民国时期，社会动乱，军阀混战，在战乱的间隙中，他以辛勤的努力、卓越的才华，写下了几十种开创性的学术著作。这其中近百万字的皇皇巨著《侘傺轩说经》最为人称道，它将《诗经》的研究推向了一个新的高度。

吴秋辉是怎么走上治经之路的呢?

考察吴秋辉的个人经历，从 8 岁受书直到中年，即 1917 年之前，他并未重视经史研究。晚年他在写给梁启超的长信中自述："少无适俗之韵，束发受书，即不甚以功名为念。故在塾时，酷喜词章，而于八比转所不习，十七岁应试，搭题并不知有钓伏渡挽，他可知也。"1919 年他在《侘傺轩说经》自序中又说："余少不喜训故之书，以其纠缠附会，说经而经反晦。人生可为之事正多，何苦矻矻孜孜为是慢圣以诬民也。考诸经，古皆无训故，以各书义意，皆自具于文字之中，人但就文字求之，自不难了解，更何烦于文字之外牵缠附会，作此种种蛇足为耶!"吴秋辉的这两段话，明白无误地表明了他对经史研究的态度。当然还有旁证。他的好友王泽同在为《学文溯源》一书所写的序中也说："余与秋辉吴子交最久。其为人脱落无城府。工词章，精科学，洞悉中外各国时势。意气纵横，不可一世。顾绝口不谈经术。间有道及者，亦唯唯敬谢而已。"既然"绝口不谈经术"，那就更说不上进行学术研究了。

吴秋辉走上治经之路，说来有些偶然。1917 年夏天，他旅居济南，对民国初年的社会现实极为不满，"一念消极，遂至百事俱废"，正在百无聊赖之时，有人持《楚辞集注》去看望他，他便"留阅之"。他说，"披览之下，偶然发现中间伪字多处，一为推寻其致误之由，又多非今文之所能解释，抽绎再三，乃始恍然于《楚辞》原系古文"，而用古文一探究，"有若干不可通处，皆得焕然而解"。他想到《楚辞》为我国辞章之祖，与我国文学关系甚重，"既有所见，不可不明著之，以供当世之商榷。于是乎有《楚辞正误》之作"。由此可知，吴秋辉研究《楚辞》，写作《楚辞正误》，完全是偶然意外之举。而他研究《诗经》，写作《侂傺轩说经》，也是如此。他是这样说的："属稿（指《楚辞正误》）未半，适因考察古韵，特从冷摊头以铜子三十枚购得《诗经集注》一部。披览之下，始知《诗经》之类此者正复不少。"于是他又抛弃《楚辞》而专致力于《诗》。他说，"是为愚从事治经之始"。由此我想到，如果不是偶然得阅《楚辞集注》并破解其中错讹之处，如果不是为考察古韵而从冷摊头购得《诗经集注》，也许吴秋辉并不会从事《诗经》之研究。

吴秋辉治经，看似偶然，实则偶然之中有必然。这要从两方面来看。一是他天资卓越，有治经之能力。他自幼博览群书，经史子集，无所不通。《楚辞》《诗经》大半都能背诵。而他于古文字，"少有偏嗜，粗能窥其崖略"。他还"少贱多能，于事物之体象名称，亦稍能窥其崖略"。这就使他具备了治经的资本。二是他有治经的强烈责任感。诚如他自己所说："因复念三百篇为我国文化之本，其重要视《楚辞》殆不啻千百倍。事当急所先务，于是乎乃又抛弃《楚辞》而专致力于《诗》。"在治经过程中，又有一事给了他"无形之鞭策"，进一步增强了他的这种责任感。1921年冬天，他从天津购得甘泉、毛乃庸所译日本人的《印度遗事》一书，了解到印度的《吠陀》，其形式与时代与我国之《诗经》不相上下。由于多种原因，两千年来，印度全国竟无一人能窥《吠陀》的真面目，转须向欧洲人学习，方能了了。这是印度人的耻辱。如果我国读书人对于古代文化、古代文明不加整理，对其中的舛误不加爬剔，有一天也要走印度的老路。吴秋辉说："言念及此，无任悚慄。"因此，他治经"不敢自逸，闭户殚精，谢绝百事，虽箪瓢屡空，亦所不恤"。综上所述，可以看出吴秋辉有能力，有责任心，又肯努力，他走上治经之路，从事《诗经》研究，是必然的，是顺理成章的。

　　关于治经的工具和途径，吴秋辉在写给梁启超的长信中这样自述："华之治《诗》，虽以古文为第一之武器，然其器至为简单，而《诗》之容积至广，初非惟恃文字之所能解决。故愚所资之证据，于古文外，其次即为古器，以古器所纪之事实，与《诗》多同出一时代也。再次，则为今之语言事物，因古今相去虽二三千年，语言事物不免一部随时变易，而在实质上，必不容以尽泯，其蜕化之迹，固不难于历溯也。再次则不得不扩其范围于各经，以其同一经称，所言必当可信故也。"现代著名学者任继愈先生对此作了精辟的概括与总结。他在为《侘傺轩说经》所写序言中说："吴秋辉先生扩大取材范围，充分利用古文字、古器物的铭文，以及民俗学、社会学多方面资料，调动多学科文献原始资料综合对勘。千百年来不少陈陈相因的误解的滞碍，得以涣然冰释……吴先生把此法推广到说经，给后人开通了一条治经讲史新路。"其评价甚高，且洞中肯綮。希望有志研究经史的学人能沿着这条道路走下去。

　　吴秋辉研究经传，曾有一个设想，一个规划。他说："余于《诗》《论语》《左传》《尚书》后，当从事于此（指《仪礼》）也。"（《说经》514页）可惜天不假年，刚刚五十岁的吴秋辉便在穷困潦倒中故去了。这是中国学术界的重大损失。

（原载 2019 年 3 月 9 日《联合日报》）

《侂僚轩说经》之《总诂》

　　《侂僚轩说经》是吴秋辉最重要的著作，他利用古文字、古器物的铭文，以及民俗学、社会学多方面的资料，调动多学科文献原始资料综合对勘，矫正了历代解说《诗经》之弊端，推翻了很多古人在《诗经》研究上的成案，将《诗经》的研究推向一个新的高度。

　　《侂僚轩说经》卷首有吴秋辉的两篇自序，还有较长篇幅的一篇《总诂》，大约有一万三千字。《总诂》即总的解说历代《诗经》研究状况，共列有30条，每条谈论一个问题，连缀在一起，即可见出作者在《诗经》研究上的完整的学术见解。可以说，这是吴秋辉研究《诗经》的总纲。其主要内容略陈如下。

　　1.《诗经》最早之版本，是谁编定的，古书中罕有言者，后人已无从考证。东汉经学家郑玄因《小序》有"风雅正变"之言，遂将《诗经》中各诗随意乱指，谓何者为正，何者为变，并判定正者为周公所定，变者为孔子所录，皆无稽之谈。

　　2. 前人于孔子录诗以外，又有删诗之言。其说最早出自司马迁《史记》。《史记·孔子世家》中说："古之《诗》本三千余篇，去其重，取其可施于礼乐者，三百五篇。"唐代经学家孔颖达怀疑其说，认为"《书》《传》所引之诗，见在者多，亡佚者多，不容孔子十去其九"。吴秋辉说："所见甚是。"三百篇之外，另有散佚之诗，是不容怀疑的，但并不能证明孔子曾删诗。

　　3. 孔子当日，不仅未删诗，且增诗，增的是《商颂》五篇。孔子屡称"诗三百"，可知当时所传诵之诗，实有三百，且皆有周一代之诗，并不涉及前代。孔子自以为殷商后人，《商颂》十二篇，今已亡其七，怕再散失，便取其所余之五篇，附于全诗之末，希望能够流传下去。

4. 孔子论诗的言论甚多，编辑《诗经》者宜荟萃其言，放在篇首，以为后来学诗者之指导。其尤要者则为"不学诗，无以言"一语。因古诗人善于辞令，足以启发后人之无穷智慧。

5. 自孔子后，真正理解《诗经》之诗者，首推子夏。观其所作《小序》，虽仅寥寥数字，无一不千锤百炼而来。其言悉扼要钩玄、置身题外，无一字入诗之中，却又无一字不鉴诗之脑。后之陋儒不知诗，因此也不知《小序》。

6. 自子夏后，古今善言诗者，只有孟子一人。观其论诗之言，无一不批郤导窾，锋发韵流，如犀分水。由于他的见识高妙，发言皆洞中肯綮。特别是他所说"不以文害词，不以词害志，以意逆志"，尤属卓绝之论。可惜孟子其志在匡时，没把主要精力用在《诗经》研究上。

7. 由孟子之言观之，则《诗》在当时，人亦多不能了解。故必谓《诗》之亡，亡于秦火，或纯由于汉儒之妄加训释，并非持平之论。

8. 汉初言《诗》者，原有齐、鲁、韩三家。齐、鲁二家，在东汉郑玄时代尚存，后亡失，《韩诗》至唐犹存，今只存《外传》。考证以上诸书与《毛诗》，大抵《毛诗》正确。故《诗》之流传至今者，止毛氏一家而已。

9. 《毛诗》虽传自毛氏，至其书果为何人所作，则已无可考。

10. 诗学之隐晦，全晦于续《小序》者一人之手。此公之程度，实文理尚不能通顺，乃妄欲说诗，宁非诗学之大阸！唯其智识不足以知诗，因之以并不能知子夏之序。因此，此公所说，不能合于诗义，是必然的。但不幸此公生也较早，而后世所传，又适为此公所授之本，所以诗学沉晦至今也。

11. 毛诗当日之授自何人，其详已不可考。然其书必为最古之书，则可断定。这从此书所载诸错误不识之字而知之也。然其作必离续《小序》者之时代甚远，其根据，一则由彼已不知《小序》已经人误续；一则彼续《小序》者之愚谬，至此已不能解也。

12. 续《小序》者之弊，在于不知诗亦不知序。而作《毛传》者之弊，则于不知诗不知序之外，更加以并不知序之后半，乃系为后人所羼，绝非子夏原文。

13. 续《小序》者之不通，其弊并不难发现。只是传习既久，因见序言不尽足据，于是异说纷起，各出其私见以曲相附会。近世所传之《诗说》《诗传》即此类也。而诗学自此遂成为齐、鲁、韩三家矣。

14.《毛传》虽出自汉人，然其中确有相传之古说，如注"雎鸠"云："雎鸠，王雎也，鸟挚而有别。"由此二语观之，知其于"挚而有别"四字，为历来师儒所传，却不明其意，故指雎鸠为并无此物之"王雎"。

15.《毛传》之误，原本是由于拘泥于续《小序》者之谬文。对于字义，胡乱加以解释，亦其弊之大者。又，一字往往解作七八义；一名往往指为四五物，使读者难以分辨而确知其为何义何物。

16.《尔雅》一书，在汉以前人绝无有道之者，其书实更出于《毛传》后，因它多直袭《毛传》之文也。尤可笑者，凡一草木鸟兽，多罗举多名，反而使人无以知其物也。造成这种状况，大抵皆当时经生，荟萃各家不同之传疏所成。

17. 毛氏诬经之罪，固然不可逃脱，而他传承《诗经》的功劳，也是不可磨灭的。因为他所传承的《诗经》，确系从前的真本。这不只由其冠有子夏之《序》知之，即由其不识之字，也能考见其古本相传如此，彼固不识之。

18. 汉人之解释古书，虽不免种种荒谬，然却有一事，为后人之所不可不效法者，即对于古书所传之文字，不敢轻易有所改变也。所以后人还能考知其真义。

19. 汉人之妄改经文，伪撰文字，其用心极为曲折，诚不知其何苦如此。如《尔雅》所改《诗经》原字，无一不俚浅可笑，简直不可细述。

20. 古之妄人，除作《尔雅》者外，即当首推作《说文解字》者之许氏。此公心目中之所有者，止为当时所流传之一种缪篆，更何论乎上古之文。许氏唯其识陋，故其书所收之字，离奇纰缪，几于不可究诘。《说文》流传至今，经清代所谓汉学家之提倡，几视以为金科玉律者。秦汉以前之字书，世久无传。许氏之书，确为天地间不可少之著作。但因识太陋，不足以上窥古人六书之原。且好摭拾当时曲儒之谬说，以广异闻，遂致真赝杂糅，是非莫辨，而古人造书之真义反隐。

21. 究之《说文》《尔雅》二书出，不啻为《诗经》增添两重魔障。真会读书的人，世间能有几人？而秦之书，其存在者又很有限，人只稽诸注疏既如彼，求诸二书又如此，则终身在醉梦中矣。

22. 毛氏之后，说《诗经》之书，当以郑玄《诗笺》为最著名。郑玄虽标榜申说毛氏之书，然有时也自标新义。今取二家之义比较之，则郑玄所释之义较胜于毛氏者，不过十之三二；而其不及者，常居十之七八。此则因郑玄之生，后于毛氏又数百年，因而去古益远。在毛氏或犹能知之者，至郑玄则已无从审正。

23. 前面曾说汉儒一般不会轻易改动《诗经》中的字。如果说有，则是从郑玄开始的。

24. 汉儒解说《诗经》，其支离荒谬处，读者如若稍微认真玩索一下，即不难发现。但却无人明显地指点出来。这说明指斥别人之错容易，而求得真解却很难。唐朝孔颖达奉诏给《诗经》作注疏，对于《传》《笺》提出很多疑问，且都洞中肯綮，但毛病仍如前人，知其非而不解别求其是，最终还是缘饰附会，沿用《传》《笺》之说。

25. 唐朝孔颖达为《诗经》注疏，虽然说是申明毛氏和郑玄的观点，实际上却暴露了他们的许多弱点。宋朝人因此怀疑汉人的传注，进一步追寻其说之由来，知道都原于诗序。但汉儒可攻也，序亦可攻也，至子夏之《小序》则不可攻也，这是南宋文学家吕东莱（即吕祖谦）的特识。他虽知《小序》之不可废，至于《小序》的精妙处，仍未能见及，这主要缘于他对诗之原义，仍不甚明了。

26. 南宋朱熹为《诗经》作注释，可他对于诗义，并没有任何考见，不过见旧注支离，而序言又不可尽信，遂一意推翻者，至于诗义，果能有当与否，则非所计也。所以他虽说是为《诗经》作注释，而对于诗句，并没有作详细之推求。

27. 朱熹之作注释，其志既在于废除《小序》，故其书亦只以废去序文为止。序文既废，则其于诗，旧说可也，新说也可也。或旧说不可用而又无新说以当之，则凭空捏造，欺人以自欺。宋人之中，其学识较高者，当首推吕东莱。其学识高，人品亦高，不肖效朱熹标榜虚声之所为。

28. 朱熹注释诸经，并无心得，只是好名而已。所以他评说古代之诗人，亦只视以为李白、杜甫、苏若兰、李清照之流，一意于怀人念远、登山临水、流连光景诸处求之。以此等眼光，而欲求合于三代上之古人，其不能有当，固必然之势也。世人震于其道学之名，以朱氏定为宗主，凡学说须一秉之。这在经学上未免贻以绝大之影响。

29. 宋人推翻旧说，观其所说，不是浅陋不成文理，便是凿空乱道，于古义一无所征。尤为可笑者，乃于旧说中之极荒谬处，反一一沿用，不敢稍有指正。是则所谓推翻旧说者特其名。清代所谓"汉学家"，专执一部《说文》《尔雅》，而与宋儒论列是非。经学至此，乃不在经而在注矣。

30. 诗自子夏后，二千余年中，上源于战国时人之误释《小序》，而下迄于汉学家之遗弃本经，虽其间自有浅深高下之可言，而其无当于诗学之宏旨则一。故谓诗自子夏后，竟无一人能得其解，非过论也。吴秋辉说，他曾就诗之原文考之，则其义固原自明了，且其字义也与今无异。虽其所言之一切名物制度、典章事实，因时代之改革，语言之变易，有待考而始知者，然并非甚难之事。如果当年只存子夏原序，别无种种之谬说以相乱，则其沉晦必不至于如此之久。

吴秋辉论赋比兴

赋、比、兴是古代先贤根据《诗经》的创作经验总结出来的三种主要表现手法，与风、雅、颂合称《诗经》六义。自赋比兴之说提出后，从汉代开始，两千多年来，各朝各代都有许多学者进行研究和论述，但在具体的认识和解说上却存在着不同意见，众说不一。吴秋辉也对赋比兴进行了专门研究，见解别致，论述令人信服。

何谓赋？吴秋辉认为，赋就是直陈其事，为什么就说什么，不必另拐弯子，按文章说，就是从正面立论，纯写正义。赋既可以淋漓尽致地细腻铺写，又可以一气贯注，加强语势，还可以渲染某种环境、气氛和情绪。赋是最基本的表现手法，比如《诗经·豳风·七月》一诗，叙述农夫在一年十二个月中的生活，涉及衣食住行各个方面，如数家珍。这首诗就是用的赋体。

何谓比？吴秋辉说："其先后仅就他物言之而不复申明，使人自想象于语言之外则为比。"（《说经》121页）也就是说，以他物比此事，一比到底，处处影射着想要表达的情事。用来作比的事物总是比被比的本体事物更加具体生动、鲜明浅近而为人们所熟知，从而便于人们联想和想象。比如《诗经·周南·螽斯》一诗，三章皆为比体。

何谓兴？吴秋辉说："先取譬于他物，嗣即以本义申明之者则为兴。"（《说经》121页）他认为，比和赋合起来就是兴体，真正的兴体作成公式，即前比加后赋等于兴。兴体最难懂，却也最美妙。《诗经》中的好诗，多半是兴体。"兴之正、喻夹写，喻义既立，后再随意申明之，或反或正，或偏或全；或长言以咏叹，或含意而待申，伸缩之间，正多余地。三百篇之妙处，全在于此，即古人立言之妙处亦全在于此也。"（《说经》122 页）比如《诗经·王风·丘中有麻》，此诗之义，皆具于首二句（凡兴体皆然）。而二句之中，尤重在首句。起兴之义，仅此四字。而四字中为实字者，又只"丘"与"麻"二字。今略去其一，如之何其能寻得其义意耶？吴秋辉解释说："窃谓丘，高田也……高田乃田之美者，当然用以植嘉谷，以喻崇高之位，当然用以待贤士。麻乃人生冠服所利赖者，故人必以高田植之。因言丘中则人用以植麻，彼又乌得不留子嗟乎？"（《说经》120 页）次章、末章义亦如是。南宋朱熹说："兴者先言他物，以引起其所咏之辞也。"吴秋辉不赞同这种解说，他认为朱熹之意似以兴之所言，与诗之本义，初不必有何关系，而但用以为话之开端，下此始为正义。"不思天下古今，顾有此枝蔓之文理哉！"（《说经》122 页）

吴秋辉说，要正确把握兴体，先要明白比体，明白赋、比、兴三者的关系。比与兴，二者异流而同源，比固比，即兴亦比。既为比，则必不能再为赋、兴；既为兴，则必有赋，即决不能再为比。赋、比、兴三者，三分鼎足而各不相容（赋为正，比为喻，兴则先喻后正），初不得忽彼忽此随意乱指也。赋、比二者，其为用也简单而纯粹，故人易知。至兴则正喻夹写，随篇立局，变幻莫测，其用较为复杂，故人多不能明了。然苟能即其喻义研求清晰，则其下申明处，自势如破竹，迎刃而解，言中、言外之意，无不毕现于毫端。（以上所引，见《说经》121—123 页）

为了让读者正确理解和把握兴体，吴秋辉还把兴体之各种体例一一列举：

（一）有全起而全应者。比如《诗经》首篇《关雎》一诗，以"窈窕"应"关关"，以"淑女"应"雎鸠"，以"君子"应"河洲"，以"好逑"应"在"。

（二）有全起而不全应者。如《诗经·陈风·月出》一诗，本取喻于皎月一出，则人无遁形。而下但以征舒之窃纠应"月出"，而代为之劳心，则为所烛者之危自见。此但应其上句者也。语半神全，词涉吞吐，诗之作用，全在于此。

（三）有正起而反应者。比如《诗经·召南·江有汜》一诗，"江有汜"而乃应以"不我以"。诗意若谓夫江则必须有"汜"，虽有时与江并流，然其终仍归之于江，于江初无所损。且有时可以调节江之容量者也（江不能容，始决为汜，迨其能容，仍归于江），犹嫡之必有媵，亦所以调节其勤劳，而初无损于嫡也。乃之子之归也，竟不我以，是直不明白江汜之理也。

（四）有反起而反应者。如《诗经·召南·行露》一诗，以"谁谓雀无角，何以穿我屋"为兴，以"谁谓女无家，何以速我狱"为应，即反起反应者。

（五）有反起而正应者。《诗经·秦风·无衣》，全诗共三章，首章"岂曰无衣？与子同袍。王于兴师，修我戈矛。与子同仇。"次章"岂曰无衣？与子同泽。王于兴师，修我矛戟。与子偕作。"末章"岂曰无衣？与子同裳。王于兴师，修我甲兵。与子偕行。"三章均为反起而正应，此用笔之变化也。

（六）有以多句起，以少句应者。《诗经·大雅·行苇》首章："敦彼行苇，牛羊无践履。方苞方体，维叶泥泥。戚戚兄弟，莫远具尔。或肆之筵，或授之几。"诗意略谓，行苇见伐，所余生机已属无几，若再使牛羊践履之，则生机立尽矣。以喻人由父母之身分而为兄弟，已有日益疏远之势，犹行苇之既被斩伐者然。若再任其疏远而不思亲近，是犹纵牛羊更从而践履之，使其仅存之生机，而亦归于澌灭也。以开头四句以兴起"戚戚兄弟，莫远具迩"，实属贴切不可移易。

（七）有以少句起，以多句应者。《诗经·周南·汉广》首章："南有乔木，不可休思。汉有游女，不可求思。汉之广矣，不可泳思。江之永矣，不可方思。"这里以头两句起，而下以"汉有游女"六句应之，说明格律之多变化。

吴秋辉总结说："兴之体例虽变化多端，至其为上下呼应，相对成文，则百变而不离其宗，所谓神明不离乎规矩也。"他很自信："后之君子，执余说以求之，则于读诗之道，必能事半功倍。"（《说经》124 页）

（原载 2019 年 11 月 30 日《联合日报》）

吴秋辉对某些成说的新解

　　吴秋辉研究《诗经》深透，有不少独到之处，对前贤的某些成说颇不以为然。他曾说，《诗经》自战国以后，"不唯其义无人能通，即其字，人亦无由尽识"。"字既不能尽识，则于其不识者，不得不随口杜撰之"。"有一妄人倡之于前，诸盲即相率而从于其后。承讹袭谬，则虽传诸奕世，终亦必无一人能悟及其非"（《说经》581—582 页）。故此，吴秋辉在其《说经》中大胆指出前人著说的不足之处，破而后立，为这些疑难之处给出自己的解释，在在可见其智慧与创见，特选录如下。

　　《诗经·秦风·晨风》第二章："山有苞栎，隰有六驳。未见君子，忧心靡乐。如何如何，忘我实多！"吴秋辉说，这里的"栎"本形声字，从木乐声。乐字在古今载籍中，绝无可作历音者。而此字独读作历，诚不可谓非咄咄怪事也。六书之旨既失，后儒于不识之字信口开河，本无足怪。然要必各有致误之原因，而栎字则遍览各书，绝不能得其必应读历之所在。岂唯不见应读历，而读历反时见其不合，而必须另改作他音。就按《晨风》一诗之第二章，"山有苞栎"，栎字与下驳字、乐字叶韵，则此字自当读洛或罗，去声，而乐字之本音也。此字既证明其读洛，则其他栎字亦悉应读洛可知。栎之音洛，征诸六书，合诸古韵，皆其确然，无复疑义者（以上引文见《说经》639 页）。栎字读洛不读历，吴秋辉所说证据凿凿，不由人不信服。

　　《诗经·豳风·七月》一诗中"九月肃霜，十月涤场"，《诗经·大雅·云汉》一诗中"旱既大甚，涤涤山川"，其中的"涤"字，世皆读作狄。吴秋辉说，

"滌"字在经传中，乃所习见，其义只作洗濯解，别无异义。其于文从水从條，当然为形声字，而條字绝不能得有作狄声之证据。则其字为战国后人，不知六书，而逞臆妄读，以贻误直至于今，可断言也。今考其所以臆读如狄之故，殆因滌之义为洗濯，而濯字在古时实应具有浊、狄二音。然在古书中，则其字实多音浊，读狄者殊不多见。今乃暗中窃取其音加诸滌字，以冀其当濯字异音之用。至其字之何以能读如狄，则其义不惟造谣者不暇知之，即被欺者，亦无人见及之。不过以讹传讹，即以滌为濯而已。今按滌从水條声，其音当读如苕，或转读如桃、挑，则语音轻重，时有不同故也。其为义，实为今之刷洗，与通常之洗濯字，固不容以通用也。盖滌之得声如苕者，殆古时之帚，率以苕为之，刷必用帚，故以帚刷洗时，其字特从水，而附以條音。"十月滌场"，正用其本义，即谓扫除而加以洗滌也。滌之本义，虽为洗刷，然引申之，则凡以形容洗濯之期于最洁者，亦可谓之滌。《云汉》一诗中之"滌滌山川"即是（以上引文见《说经》590 页）。滌字读苕不读狄，吴秋辉解说得有理有据。

《诗经·小雅·采薇》一诗第四章"乐之君子，殿天子之邦"，前贤训"殿"为镇。吴秋辉说，古文殿与奠，本属一字，二字皆定字一声之转，其音皆如定，义亦相通。特用之者，不免时有差异耳。《尚书·禹贡》"奠名山大川"，即"定名山大川"。古奠字象两手捧尊，意谓安定也，故安定器物时多用之。殿字即臀之本字，人之用以坐者也，其从殳者，乃股之转注，乃展之变形，谓股之所由分展也。殿亦音定，而人之坐亦谓之定。则其与定，音义几全同，故古文即常以其字代定字。殿字人即习用作定字，则于其本义，转恐其无别，于是更即其原文下加以肉字作臀，以当其本义。殿虽加肉，然其音仍读定。知其读定者，以臀字有时即以定代之也。《诗经·周南·麟之趾》中"麟之定，振振公姓，于嗟麟兮"，其"麟之定"，实即谓麟之臀。后之谬儒，不识臀字，乃妄读其音如豚，世人竟至今从之（《说经》613—614 页）。这大概就是所谓习非成是吧。

《诗经·周颂·载芟》一诗中之"载芟载柞，其耕泽泽"，前贤训"芟"为衫，世皆从之。吴秋辉考证，芟字从草从殳，殳既非刈草之物，初不得指为会意。而殳字之音，与衫字又绝不相蒙，更不得指为形声。然则前贤果何所据，而知此字之应作衫音耶？今试以推求其音衫之心理。殆其初本不识芟字应作何声，乃遍考各书，知其义之当为除草，又念除草则其字当作删，因是遂臆定芟字，必为删之异文。然使果即据此以指芟为删，则二字之形，又无丝毫可以指为相同之处。于是取其实而避其名，袭衫之声，而又故令其微为出入，以表示其并非一字。吴秋辉说，汉初人之作伪日拙类如此。然谬种流传，至此已两千余年矣。

《辞海》解释"翘楚"说："原意为高出众薪的荆木。《诗·周南·汉广》：'翘翘错薪，言刈其楚。'楚，荆木。旧以'翘楚'比喻杰出的人物。"吴秋辉在《说汉广》一文中指出，此诗之主旨，在勖人以各安其分，而勿复为出位之思。因即娶妻一事发其凡，以为好高骛远，荒弃其本图者戒，故曰：乔木，人之所休息也。而"南有乔木"则不可休思矣。游女，人之所争求也，而"汉有游女"则"不可求思"矣……这是诗之第一章所表达之义。第二章言乔木既不可得，即彼翘翘然错杂之薪，其长短高下亦至不齐也。吾且刈其至短至下者之楚焉（楚，灌木之最低下者，所谓"平楚"也）。近人多习用"翘楚"名词，来比喻杰出的人材，殆不明诗义也（《说经》135页）。忆往昔，笔者也曾人云亦云，错用过"翘楚"一词。及阅读吴秋辉著作之后，始恍然大悟，知向来之舛错。

吴秋辉曾说："三百篇中，其字为后人所不识，而随口杜撰者，几难偻数。"（《说经》582页）他在《说经》一书中一一进行纠正，并做了有理有据的解说。本文所辑录的几则，只是聊以显示吴秋辉治学的真知灼见，也希望借以引起专家学者研究的兴趣。

吴秋辉识《诗经》中的草木鸟兽之名

　　《诗经》是我国最早的一部诗歌总集，也是我国最为重要的一部古代典籍。孔子曾说："《诗》可以兴，可以观，可以群，可以怨；迩之事父，远之事君，多识于鸟兽草木之名。"这里指明，"多识鸟兽草木之名"，为学习《诗经》的一大益处。

　　吴秋辉研究《诗经》，十分重视识草木鸟兽之名，他认为借助诗人所托兴之草木鸟兽，可以更准确地把握诗之命意。他曾说："学《诗》者，必先于鸟兽草木之名，加以精细之考察，而后诗义乃见。《诗》学既通，而鸟兽草木之形、声、色、态，亦无不了然于胸，此昔人之所以遇物能名也。"（《说经》190 页）又说："夫以《诗》中所言之名物尚不能知，则诗教又焉得而不晦乎？"（《说经》279 页）。

　　他发现前人在《诗经》的注疏中，"其各种名称不合者，至少亦当居十之七八"，他要为之一一指出其错讹之处。他说："大抵昔之说《诗》者，对于《诗》中所言之草木鸟兽，多不知深加体会，遇有不知，又复逞臆附会以指物之故，其于诗也，十九不能得诗人之意，甚且正与之相反背，此则瞀于物情之过也。"（《说经》186 页）比如《黄鸟》一诗，"黄鸟黄鸟，无集于榖，无啄我粟"，宋朝朱熹误识"榖"与"粟"为一物，认为禁黄鸟集于榖，就是禁其啄粟也，所以注"榖"为禾名。吴秋辉考证，榖就是楮，与次章之桑，三章之栩，皆为贱木。"至贱之木，犹不许其集，则凡贵于此者，益可知矣"，三句正兴"不我肯榖"（即不肯善待我）。

吴秋辉进一步探究前人注疏致误之原因：一是强不知以为知，"抱定一物不知，儒者之耻之谬见，而欲撑持儒者之门面"（《说经》314页），于是自己奇创一物名，自欺并以欺人。如《关雎》一诗中的"雎鸠"，《毛传》《尔雅》注为"王雎"，郭璞以为"雕类，今江东谓之鹗"，陆机以为"如鸥，深目"，朱熹则云："雎鸠，水鸟，一名王雎。状类凫、鹥，今江淮间有之。"凡此种种，皆为臆说，荒诞不经。吴秋辉考证，雎鸠实为鸿雁之古名，在周代已不再行用。此诗之作，至晚亦须在商纣王之初年。其时文字尚未大变更，故犹沿用"雎鸠"之名（《说经》314—317页）。二是积世相传，"率于纸上得之，故仍于纸上求之。苟非纸上之所言，虽其物即近在眼前，亦必摇头而不敢深信"（《说经》636页）。吴秋辉举例说，《诗经》中"言匏者再，'匏有苦叶''酌之用匏'是也；言瓠者三，'齿如瓠犀''甘瓠累之''幡幡瓠叶'是也；言壶者一，'八月断壶'是也"。毛亨、毛苌之《毛传》，许慎之《说文》，陆机之《草木疏》，朱熹之《集注》，以讹传讹，积世相传，皆混三者为一物。实际上，"三者之名称，至今尚无大转变，其物亦为人生日常之所习见。苟持以问诸田夫野老，虽妇孺亦不难偻晰言之"（《说经》636页）。所谓瓠，即今仍名为瓠，是一种蔬菜。所谓匏，即今之瓢，除供济用，更可析而为二，以为挹注之器。壶，即今人之所谓葫芦。壶与匏，其所异者，仅在形状，其功用则基本相同。

吴秋辉考证《诗经》中的草木鸟兽，"必求其经之某某，即今之某某，或其遗蜕，一洗从前指山卖磨，以不知仍还不知之积习，故特注意通今"（见《吴秋辉致梁启超书》），故而特别精细、精准，有不少独到之处。

其一，认清古名至今未改者，不再费力转注。他说："夫一物一名，乃自然之理，以名多而转无以知其物也。纵物名不能无古今之异，然不必物物如此。古名之至今未改者甚多，如姜、韭、牛、马之类。此人所共知者，将用何名转注之耶？"（《说经》12页）也就是说，有些草木鸟兽，其名古今未变，无须再为之奇创一个名字。如《南山有台》之"台"，就是现在的苔菜，为蔬菜之一种，叶类小白菜。《毛传》却臆训为"夫须"，即今之莎草，是毫无根据的杜撰。类此者，有注反不如无注。再如《陈风》中"视尔如荍，贻我握椒"之"荍"，即今之所谓荍（同荞）麦，人所共知，而陋儒反训为"芘芣""荆葵"等等。《陈风》中"墓门有梅",梅之名,自古迄今,未之或改,然陋儒则解梅为枏,即今之楠字,乃木材之至美者。总之,愈穿凿离本物愈远,致使"攘攘二千余年,竟无一人能知其物"(《说经》658页)。

其二,寻蜕化之迹识得其名。吴秋辉在写给梁启超的信中,谈到治《诗》的体会时说:"古今相去虽二三千年,语言事物不免一部随时变易,而在实质上必不容以尽泯,其蜕化之迹,固不难于历溯也。"比如他考证《苕之华》一诗中的"苕",即现今人们所说的扫帚菜。扫帚菜当其幼小柔嫩时,人们多用于佐膳,蒸食之,其味甚美;当其秋末老成时,可绑缚制成扫帚用以扫地,故有此名。古时扫地之帚,不论大小,均用苕绑缚而成,因名之苕帚。"今人称帚之小者曰苕帚,殆即为古义之仅存者"(《说经》288页)。苕帚变为扫帚,苕也随之变为扫帚菜。由此可知,如果不是苕帚之名尚存,"恐诗人之心,亦不免随之以湮没终古也"(《说经》288页)。陋儒释苕为苕饶、陵苕、紫葳、凌霄等,皆为臆造。

其三,借助里俗之言识得其名。吴秋辉总结自己考证的经验时说:"诸书所言,除少数与俗言相同者外,其能有当于经义者,十中几不得其一二。而里俗之言,其合乎经义者,反居十之七八。"(《说经》471页)因此,他十分重视里俗之言。《七月》一诗中"五月斯螽动股,六月莎鸡振羽。七月在野,八月在宇,九月在户,十月蟋蟀入我床下",宋朝朱熹注之曰:"斯螽、莎鸡、蟋蟀,一物随时变化而异其名。"朱熹臆指三物为一物,这让吴秋辉大为惊奇,不知其于何处,曾见有此种怪物。吴秋辉考证,螽即蝗虫,蟋蟀即蟋蟀,莎鸡实即家禽之鸡。莎,与襄通。六月雏鸡虽已长成,其毛羽尚未整齐,"鏒鏒然如人之披襄者然","今人俗谓禽鸟之甫生毛者,犹曰披襄衣。莎鸡,犹言披襄衣之鸡也"。(《说经》477页)再比如这首诗中的"七月鸣鵙",前人训"鵙"为伯劳鸟是错误的,因此鸟原本并没有其他名字,至今人们尚以鵙呼之。吴秋辉认为鵙自名鵙,音即如贝,临清人俗读如贝儿之合音,故俗谓之狄狄鵙,亦象其鸣声名之。此鸟立秋前后至,鸣于七月,与诗意正相吻合。他说:"凡诗人所托兴之草木鸟兽,无一非人所熟知而易解者,故人闻之而知其命意。前人不知此义,反从人所不知之物求之。此所以十九不合也。"(《说经》317页)

其四，借助经传或诗之语境识得其名。《关雎》一诗中"关关雎鸠"之雎鸠，吴秋辉是从《左传》中"雎鸠氏，司马也"一语，想到雎鸠为鸿雁之古名的。至于《中谷有蓷》中之"蓷"，吴秋辉于 1920 年 7 月写过一篇考证文章，不同意前人训"蓷"为益母草之说，因为益母草本就生于谷中，不至暵干。他断定"蓷"不是谷中之物而出现于谷中，所以至于暵干。但"蓷"究竟为何物，他一时难以判断。他说："蓷字在今，实已无从确指其为何物。要其物必为水草之一种，故一到谷中，遂至于暵干。世有博物君子，即予言以求之，或当不难以得其梗概也。"（《说经》159 页）1921 年 2 月，吴秋辉又写了一篇关于《中谷有蓷》的文章，他从经传中之"八月萑苇""萑苇淠淠""萑苻"等语句，知道萑皆作苇字解，而蓷乃萑字之繁文，从而断定诗中蓷者即苇之一种。本来寄希望"博物君子"解决的难题，半年之后他自行解决了。《生民》一诗中"维穈维芑"，前人释"穈"和"芑"为赤粱粟与白粱粟之名，实是臆造奇创。吴秋辉说，粟为谷米之总名，粱与谷并不同类，断不可拼凑在一起而冒以粟之名。他考证，穈、芑并非特异之物，二字也非难识之字。穈字从麻从禾，因古文之偏旁，初无一定，往往可以随意增减，其所在之部位，也可随意挪移，故本不从禾之麻字从禾，而且将禾置于麻之下部。芑字，为枲字之异文，与麻为同类，均为织用之物。"木即改草，而台又变己，虽同为一字，而形声俱变，绝无几希之形迹可寻。设非经文与麻字并举，虽有圣智，当亦无由推知其如是曲折也。"（《说经》255 页）

吴秋辉有着识草木鸟兽之名的慧眼与能力，但他并不恃才傲物，他有自知之明，深知上下两千年，"方言之变换不同，言文之雅俗各异"，"而欲执古人所说之名字，而一一辩其为某某，此固常不及之势"（《说经》157 页）。所以有些名物他也有拿不准的时候，只能写道："愚见如此，不知其果有合否耶？"（《说经》1071 页）他主张搞研究、做学问必须老老实实，实事求是，"知之为知之，不知为不知"，并说，"大抵人之所不知者，概当阙疑，以俟后来之或有所发现"（《说经》157 页）。这种严谨的治学态度，堪称楷模，值得学习。

（原载《春秋》双月刊 2017 年第 6 期）

吴秋辉关于文字学的论述

吴秋辉对于中国的古文字，"少有偏嗜"，曾一度"耽于小学"，有深入的研究和独特的见识。他写有《学文溯源》《中国文字正变源流考》两部专著，在所写《侘傺轩说经》《楚辞正误》《檀弓古文考正》等著作中，说文解字，对文字学也多有论述。要全面阐述吴秋辉在文字学研究方面所取得的重大成就，非我所能，本文只想就以下三个方面进行简单介绍。

一、关于文字的原始时代

《易·系辞下》："上古结绳而治，后世圣人易之以书契。"吴秋辉说："洎夫生齿渐繁，交通渐数，感于人事之种种不齐，知人生之缓急有无，必不容以不互相调剂，于是乎借贷取予之事起，而结绳之制兴焉。结绳者取绳结为种种不同之结，藉之代表彼此间互相要约之一切事物，以坚记忆，昭信守，资佐证，课履行也。"（《文存》157页）但结绳存在种种弊端，后被淘汰，而书契之制以兴。吴秋辉说："书契者，适应于结绳之弊，而弥缝其阙失，顺时势之要求，而依以成立者也。书契之制，取同形之二竹木简，两者若一，合而刻其上端作锯齿形，以防伪造。次再将其所要约之事物，象其略形，分刻于其上，而各执其一，以为后来履行之证。盖简分左右，主客既不容混淆，事物各肖其形，更不容以随意推诿。"（《文存》158页）书契之制，既以刻画事物之略形为主，于是乎其刻画所成之痕迹，即命之曰"文"。吴秋辉说："今考书契发生之初，似犹在草昧洪荒之时代。"故当时虽有书契之名，"然其字实后代所作"（《文存》159 页）。

　　"文之施于书契，袭故蹈常，不知其经几千百世。迨至虞舜之世，有圣人出焉，始于文化史上放一异彩，此圣人在当时人共称之曰'契'。"（《文存》178 页）而契之所以独有千古，首先在于创造而为字也。吴秋辉考证："今观《禹贡》已不称稽古，则当禹生前，已有正式之记载可知。"又说："记载之文字，虽至夏而臻完备，然其记载之书，则仍沿其故名曰'册'。"（《文存》196 页）他总结说："以上所言之文字，类皆以卜辞为根据。卜辞出于商代，其前此是否即已如此，殊未敢必其尽有当于事实。特以今传世之文字，更无有古于此者，又详考诸字，构造简单，象形维肖，确犹未大远乎文字之原始时代，因即假之以为种种进化之说明。至后来或别有发现，而能使夏以前之文字灿然复明于世，实为吾所至愿。"（《文存》200—201 页）

　　根据当年的资料，吴秋辉考证文字的原始时代在夏、商之世，但他还有一个至愿，就是希望"夏以前之文字灿然复明于世"。如今他的这个"至愿"实现了。2013 年，位于太湖之滨的良渚平湖庄桥坟遗址出土了大量刻画符号。专家认为这是良渚早期文字的印记。良渚遗址距今 4300—5300 年，存续时间约为 1000 年，这相当于中原的仰韶时代晚期。良渚文化不仅将中国的文字史向前推了 1000多年，也证实了中华 5000 多年文明史。（见 2019 年 7 月 14 日《齐鲁晚报》《良渚古城：比同时代的金字塔更壮观》一文）

二、关于仓颉造字

　　《辞海》：仓颉，"旧传为黄帝的史官，汉字的创造者"。又说"仓颉可能只是古代整理文字的一个代表人物"。吴秋辉对这两种说法都持否定之态度。他考证，迨至虞舜时代，有善为书契者，"人共称之曰'契'。以其时人类尚未有专名，其有名者，皆时人揭取其人生平之特点，以便于不在侧时之称谓者也。其称之为契者，以其人素以善为书契，见知于世，故人即以契称之。及战国时，或更变其称为仓颉，改易古一字之名，而用其切音。后人不明其故，或竟臆指之为黄帝史官（前人全不知史之称始于何代，故特信口诬罔），或更杜撰称之为侯刚氏，而谓其生有四目，皆笑柄也。契之为书契也，乃尽举从前但以数目、时间、实物填写之成法而打破之，务使其上下之文义相承，精密周详，一如相约之语言而后已。文不足用，则更根据原有之象形、假借二法而盛为之，故文之增，至此乃不啻十倍。然契之功，犹不止此。至其所以独有千古……首先创造而为字也"（《文存》178—179 页）。吴秋辉这一大段话，就把所谓仓颉造字的来龙去脉，说得清清楚楚、明明白白了。

三、关于文字之六书

吴秋辉特别强调，"人能识古字，然后能读古书"；而若识古字，"但熟悉六书之法，则所有一切文字，举无不若网在纲，触目可辩"（《文存》1 页）。

何谓六书？一曰象形，二曰假借，三曰指事，四曰会意，五曰转注，六曰形声。六书之出现，有早有晚，以象形、假借为早，指事、会意次之，以形声为最晚。

象形与假借。吴秋辉说："书契之制，既以刻画事物之略形为主，于是乎其刻画所成之痕迹，即命之曰'文'。"（《文存》159 页）又说："书契之首要，厥为数目，故文之始必原于数目"；"书契之次要，则为时间。盖所以志订立要约及其偿还之时期也"；"书契之要点，除数目、时间外，厥为实物。以二者之用，实皆关系于此点而生也"。（《文存》160—176 页）故三者多为象形文字。他认为，"大抵时代愈古，其象形愈肖"，有的文字"虽不能指实其当今何字，然其意则了了可识，此象形文字之所以易于信今而传后也"（《文存》121 页）。

"盖天下事，其有形可象者，百分中常不得其三四，故当创为书契之初，即感此困难，不得不以假借之法济之。"（《文存》179 页）所谓假借，即事物之无形可象者，假借其有形而与之同音者代之。吴秋辉说："古人之同音假借，必择其义之必不可通者而用之，以免人误会。因原文义不可通，故一见即可知其为假借也。"（《说经》80 页）他同时也指出："古人之假借，乃因本无其字，故不得不然。周秦人则本有其字，亦往往假借他字"，"此殆由于沿习使然"。（《文存》4 页）

指事与会意。吴秋辉指出，"字之制虽始于契，然当时契所造之字，实只二种"

（《文存》180 页），即指事与会意也。所谓指事者，就原文之文，或变其状态，或设为符号，以标明其意义之所在。如右，故即象右手形。又比如古上字，上之形无可象，故特作"一"，以表示其为地平，而于其上作"·"或变形作"—"，以指示其命意之所在。

　　所谓会意者，取自二以上之文，而参和错综者，以表明一事物或一种动作。会意之在文字中，操极重要之关键。吴秋辉说："盖自此制之兴，而从前极简单之图画，皆得以任我指挥，供我驱使，变换离合，而别造一新世界。简单之图画，其效用仅及于其本体，而兹之复合之图画，则事物之变态无穷，其因应亦随之而无穷，因无虞其或竭也。会意之字有由两合而成者，有由三合而成者，有由四合、五合以至于六七合者。大抵时代愈近，则其文之复合者亦愈多。"（《文存》185 页）会意由二文合成者，如友字，从两又相并，明其非一人之手也。凡人之右手只有一，兹两右手并举，则必有一手相助。古所谓友者，犹今人之称助手。会意之由三文合成者，如古妇字，从女从右从帚，意谓以手持帚之女也。盖洒扫者妇之职务，故妇女者辄曰'奉箕帚'。会意之由四文以上合成者，如古学字，从两手捧乂置于几上，所谓学也。

　　转注与形声。吴秋辉说："时至商周时，文字上乃显呈绝大之变化，但就其大体言之，则商文简，至周乃日趋于繁。若更就文字之实质上详察之，则知当此时期，于旧有之象形、假借、指事、会意四者外，又形成有两大部分之新例。自此新例成，而文字之作用乃大备。新例为何，则转注、形声是也。"又说："二者之兴，其酝酿初非一世，一详考其发生之次第，则知转注在先……故转注之字，在商代已不乏，而形声之字，殊不概见。不过二者之用皆至周而始显。"（《文存》204 页）转注之字，如不字，不字之用作否决词，原出于假借，故其转注之字，或加口作否。

　　吴秋辉曾指出："形声制兴，文字从此繁，亦文义从此晦矣。"（《文存》65 页）为什么会这样？吴秋辉说："大抵古形声字，其取音一方，初无一定，故异文较多。后人惟不解此，此其所以于古书多不能读也。"（《文存》146 页）因为后起之字，几乎全是形声之字，故不用举例说明了。

吴秋辉借助金文破解典籍疑案

金文，旧称“钟鼎文”，即铸或刻在商、周青铜器上的铭文。商代金文的字体和甲骨文相近，铭辞字数较少。西周金文字体齐整，铭文字数较多，有近500字的，史料价值很高，吴秋辉曾说：“吾人生数千年后，得藉以窥见上古文化之斑者，实全赖乎此也。”（《文存》199页）。他因此十分重视借助古器铭文来破解先秦典籍中的疑案。

辨古字，识古谊。吴秋辉治经，对于一些字之意义，一时无从索解，后以古器证之，始恍然而解。例如《诗经·桑中》“美孟弋矣”。《毛传》云：“弋，姓也。”朱熹《集传》说：“弋，春秋或作姒，盖杞女，夏后氏之后。”都解释得很模糊。吴秋辉根据出土的古器铭文判定：“弋本作妋，乃古时国姓。古文姓多省女旁，如妫常作为之类，故字亦作弋。汉钩弋夫人即其后。近日出古彝器，载古之姓此者甚多，字皆作‘妋’。宿妋鬲即其最著者。”（《说经》35页）又如《诗经·大明》“伣天之妹”，语最难解，伣字亦不经见。前人注疏皆不成语，不可通。吴秋辉认为：“伣即见字，其从人实战国间俗儒滥加之转注。因此见字系指人言之，故加人，而不知见字之下已从人……妹，古未字之通假，当以由此句系指大姒言之，故加女者。然考之古器，则假妹为未，实当时之一种习惯，初不止此一处为然。盂鼎乃成王时所作器，与此诗正相先后，铭词中‘女妹辰有大服’句，若以今文言之，则当作‘汝未升有大服’。”他说：“‘见天之未’，谓其能见天意于未来。盖自大姒归周后，周势始盛，则其归周似有先见者，故诗特以此称之也。此等文字，一经道破，便不须烦言而解。然非熟于六书，及有古器以为之佐证，则虽强为解说，亦必愈趋愈远，支离而不能通。"（《说经》295页）再比如《诗经·野有死麕》"舒尔脱脱兮"。旧说以舒为迟缓，脱脱为迟缓貌，殊不成语。吴秋辉考证，舒字"实为古文𫚈字之误，读如匂，犹言请也。𫚈字见宗周钟（𫚈其万年，畯保四国），他器间有直作割字者（无惠鼎），实皆匂字之通假也。脱脱犹今言退退，乃斥其远离词。割尔脱脱，犹今言请你退退。"前人不知舒乃割字之误，一字之失，全句遂不复成义。吴秋辉感慨地说："设非古文复出，其本谊将终无由考见也。"（《说经》922页）

明史事，晓经义。《诗经》中的一些篇章，所记史事简要，又不载于经书，若彻悟经义，往往需要借助古器铭文。例如《诗经·韩奕》一诗，后人不明当时情事之真相，多端揣测，凭空想象，终难知悉其底蕴。吴秋辉赏玩古器铭文，"兹乃不意两千余年之疑案，无意中竟于一漠不相关之古器中得之。一经寻绎，举凡向之视为怪诞离奇者，至此胥迎刃而解。及起而复视经文，则觉经文固原自明瞭，且有非此不可解者……所谓漠不相关之古器者何？即世所传之召伯虎敦也"（《说经》351页）。吴秋辉解读了召伯虎敦铭文，知道铭文之所记，乃正是《诗经·韩奕》所写的一段历史。他说："盖所谓'庆'者非他，即此诗之所谓'韩侯'也。其所谓'邑'者，亦即此诗之所谓'韩城'也。韩侯殆为伯虎之庶兄……韩城本召公私邑，传至召虎，曾受有先人遗命，命以畀庆。故召虎乘庆有功受王册命时，即举以畀之，使别建为侯国。庆与虎同祖召公，凡篇中所称之祖考先祖，皆指召公言。"（《说经》353—354页）经此一番印证，诗中疑难之处皆瓦解冰消。吴秋辉总结说："苟非得有线索，吾知虽绞尽脑汁，亦还不解拟议及此也。"（《说经》354页）再如《诗经·七月》"一之日于貉，取彼狐狸，为公子裘"。《毛传》注释"于貉"为取狐狸皮。东汉的郑玄、南宋的朱熹，解释这三句诗，皆荒谬可笑。吴秋辉经过考证，认为"貉者，邻边戎狄之国名，与周世相往来，而以游牧为业者也……知貉之与周，邦交素笃者，今传世古器中，有貉子卣"（《说经》918页）。器作于西周盛时，记述周往貉进行田猎，一则以壤地相接，势近而形便，一则以其素睦于周，主宾不致龃龉也。盖周之于一之日于貉，后来积久相沿，竟成为定制，貉亦自归附于周，受有封爵，而成为藩篱之外臣。取狐狸必于貉，乃周人当日当然之事，然非有古器证之，则尚涉臆测。吴秋辉最后写道："谓古器之留遗，实有鬼神呵护之，以备为后经义昌明之一助，当非过论也。"（《说经》920 页）

知古制，悟诗意。《诗经》迄今已有两千余年，内中所涉及之古制，如果没有当时的古器留存，今天的读书人是难以考订的。例如《诗经·十月之交》"择三有事"。前人注疏，解"有事"为"有司"，固然不错，然或谓"三事"为三卿，或谓为三公，皆附会臆测，与古不合。吴秋辉根据对毛公鼎、番生敦等古器之考证，认为："有事"即为"有司"，"三有司者：卿事僚、太史僚及公族大夫也。三者各有僚属以分司其事，而统其名曰'三有司'，古常以重臣兼领之。其范围之所及，殆综括今之六部、国史馆、宗人府……约言之，曰：三有事，泛言之即百官也"。吴秋辉说："然使非古器重出，吾人又焉从于两千年后，考订成周之官制哉。"（《说经》202—203 页）又如《诗经·缁衣》中之缁衣，旧解但以为深黑色之衣，吴秋辉开始也认同这一说法，后来详细考证，始知旧说之仅依文字训义，尚未能悉当于当日之情事。古文缁字，即今文之织字；织衣，乃卿受三命为司徒之命服。郑桓、郑武父子相继为周司徒，同拜织衣之命，故诗人即借其衣以起兴。知其服织衣，即知其为司徒。而郑厉公所留存之古器，所纪乃适当三命，引以证诗，可谓天造地设。由此也可知，只有知古制——古代之官制、官服，才能深切体悟其诗意。

西南师范大学刘又辛教授 1992 年 4 月所写《吴秋辉先生〈说经〉序》中称颂说："利用彝器铭文材料同先秦典籍相印证以考证古书的办法，是吴秋辉先生的创见。不但当时没有人做到这一点，就是七十年后的今天，也还很少有人有计划地走这样一条新路子。"的确，吴秋辉借助金文破译了先秦典籍中的不少疑案，他自己内心也感到十分欣幸。他曾说："窃尝疑古器之留贻，其中实若有神护，此在科学家，当无不笑其迷信。然余固深恶战国以降人之神话者，而独于此等有重大关系处，不敢信其为偶然。盖古器之毁坏残佚者，已不知凡几，而其所以得保全至今者，实为其什百中之一二。乃即此一二之残余，核之于古代之文明，强半皆含有极重大之关系，甚且古书中有非不能明者。此既非人力之所能左右，而文字又非历来人之所能识，天然之淘汰力，何以能抉择如是之巧也。"（《说经》1051—1052 页）

吴秋辉妙解宝、英、景三字

  吴秋辉曾明确地指出，自汉朝以来的陋儒，所以不能明了《诗经》之诗义，"此皆字学不明之咎也"（《说经》409 页）。他治经特别注重字学，下大力"考其源流正变"，先后写下《学文溯源》《齐鲁方言存古》等著作，就连《说经》这部巨著，很多篇章也是从考订其中的关键字写起的。"宝"字，"英"字，"景"字，古今读书人大概没有不熟识的，应用起来也不会出错，但却不一定了解它们的真正含义以及它们的来龙去脉。吴秋辉对这三个字的解析不同凡响，给人很大启发。现摘录其中的部分文字于下，以飨读者。

  "宝"字，"金文宝字象屋宇下藏有玉贝杵臼之形。玉贝之为宝，人尽知之。杵臼代表稼穑，所谓稼穑维宝也。以杵臼与玉贝并列，表示货币必须与物产相权，始得以成其为宝。由此可知，经济学之原理，在古人故熟知之也。"吴秋辉解析宝字，不仅讲清了宝之所以为宝，而且从中分析出我国古人的聪慧，如此讲析，读者自然会牢记于心。

  "英"字，吴秋辉考证，邢侯彝铭文"王命邢侯出 𢎥 侯于邢"，以义考之，知其字即今之英字也。"英本花心中所吐长须之名。古人谓胸曰膺，故引申之，凡事物之属于中部者，亦概称之曰膺。中门之曰应门，即其一证。古曰花英，犹今人之言花心也。花须不可以独象，故其字从'不'。'不'者显示英之所自出也。至右侧所从之'）'，始为花英之形，然其意在英不在'不'，故特于所取义之处，加之'⌒'，以指明其用意。英为花须，乃一花之中最为特出者，故人喻人类中最特出者曰英，即英雄、英杰、英豪等英字是也。"他还说：

"后人不知英字作何解，或指之以为花萼，其尤谬者，或径以为花叶，则直不可以情理论矣。"吴秋辉把金文英字的结构、含义及其引申义，讲得清楚明白，令读者过目不忘，对理解典籍大有好处。

"景"字，《诗经·二子乘舟》一篇，有"二子乘舟，泛泛其景。愿言思子，中心养养"四句诗。吴秋辉考订其中的景字，写了一篇近三千字的长文。他说："景乃古影字，亦即古亮字，于文为形声，从日京声。京古音读如凉，故景古音读如亮也。景之所以从日者，以其义本为日之阴影。今北方人方言谓日之阴影为阴亮，如墙阴亮、树阴亮等。把东西放置在无日光处风干，则曰晾干（晾即景字。古人于字之偏旁，无定位也）。以义言之，则皆当作影，以音言之，则皆读如亮也。景本为日之阴影，则凡阴影，亦皆得谓之景。《诗经》中'二子乘舟，泛泛其景'，此景字即其作影字用者。而其字与下面'中心养养'之养字为韵，则影字至春秋时，尚读如亮也。景为日之阴影，其对日光言之，似为昏暗，而其实际则为明了。盖日之阴影，虽避去日之直射光线，却富于日之反射光线。日光强烈，人目当之，每不能堪，故人之利用日光以辨物者，必须就其阴影处始得明悉。今人于用目力时，辄曰移就亮处，即其义。凡所谓亮处者，必其地为日之直射光线所不能及处，而又为明处，此其定义也。此皆景字之第一义也。景之为用，既为避去日光而能明，则引申之，凡一切不见日光而能明之物，皆可谓之亮。北人呼月为月亮，实其义之最古者也。亮即影即景，由月之称亮言之，则月光乃由日光之反射所成，在上古之世，人民即早已莫不了然。无如中间文明丧失，无人更深求其故，故令一般无知小子，反津津然以为由外人发明之也。"其后吴秋辉又解析了景字的第二义、第三义，并说，凡古书所有之景字，概不出此三义。若今之景之义，实由前人光景二字之所转变而成。唯是景之义既转而为今义，其音亦一转而为今音，读若井声。

（原载 2019 年 4 月 13 日《联合日报》）

吴秋辉谈方言

多年来，笔者一直以为方言粗俗鄙野，难登大雅之堂。有时候读当代文学作品或看电视剧，偶尔有方言出现，也总觉得不伦不类，与语境格格不入。近两年来，在反复阅读吴秋辉遗著《侘傺轩文存》和《侘傺轩说经》时，看到他对齐鲁方言的考证、论述，笔者在懵懂中醒悟过来，原来我们平时经常挂在口头上的一些方言，竟是"古汉语"，早就存在于古代典籍之中了。

吴秋辉正是为考订古代典籍而考证齐鲁方言的。他认为，"考证古书，方言乃其最要之证据"（《说经》1038 页）。其理由是："北方为古之中原，其文化最早，而齐鲁又为圣贤桑梓，凡秦火以前之古籍，莫不渊源于是。其文皆前代之方言。"（《文存》205 页）他举例说，《春秋》一书中有三个"螟"字，古人注释"螟"字音为"冥"是不对的，因为"冥"字别有"民"音。"今里俗呼食苗心之虫，犹曰螟虫，音读如'眠'，是亦古音之仅存者也。若读作亡丁反（即"冥"音），则虽以询之高年老农，绝无有能识其物者。此当据方言改正者也。"（《文存》248 页）又比如《诗经·关雎》一篇中"参差荇菜，左右芼之"之"芼"，音毛，"北人以蔬菜入釜沸之，少去其生性，不待熟即取出者，谓之芼"（《文存》207 页）。荇菜水草，食之正取其清脆，芼之为宜。而宋朝朱熹生于南方，不熟悉北方方言，注"芼"为"熟而荐之也"，显然不达其义。再比如《庄子·让王篇》："原宪华冠纵履，杖藜而应门"，前人注释"华冠"，以为以华木皮为冠，显然是不对的。"今人谓帽之绽裂者曰开花帽，其来亦甚古。"（《文存》227 页）"华冠"正是今天人们所说的开花帽，

与下绳捆索绑之鞋，乃恰成一致，极意形容原宪的贫窘。吴秋辉说："注古书而不解方言，其弊率如此。"（《文存》227页）

吴秋辉经过审慎的考证，确认方言寿于文字。他在《齐鲁方言存古》一书之《自序》中曾说："今虽代远年湮，中又遭胡虏之侵入，语言不无迁变，然沿用既久，千百中不无一二之存，间即日常习用之语言，一经抽绎，觉时与古籍吻合。时或有载籍已失其传，而反存于委巷妇孺口齿之间者。"（《文存》205页）他举例说，当代人得到周秦年间的古铜印文皆曰鈢。金文家因此字不常见，而古印曾统统称玺，便怀疑其字为玺之异文，所以都把鈢读作玺，这实在是大错特错了。他说："今考其字乃古戳字，后人不识，乃别撰一戳字以代之，而不知古书中固习用之也。"（《文存》232页）又说："今人犹名私家之印信曰戳记，或曰戳子，即古语之遗留也……而熟知其口语之留传，固至今犹不废也。由此观之，则谓文字能寿于口语，正未必然也。"（《文存》233页）吴秋辉在其书中还举了好几个例子，比如《诗经·抑》："彼童而角，实虹小子。"前贤训虹为溃乱，后人皆沿用此说。吴秋辉指出，《诗经·抑》中所谓虹，实际上是现在所谓哄。"谓彼童而角者，实所以哄小子也。盖哄字原本作叿，与虹字极相近，《诗》之作虹，其为假借或笔误，所不可知。然以义求之，则其为哄无疑也。"（《文存》236页）他说："今人谓以语言相诳为哄，其语殆无间南北，读当为洪上声……设非口语犹存，则《诗》义将湮没终古矣。"（《文存》236页）又比如北地方言于用譬喻时辄曰相，今人多疑其字之当为象。吴秋辉说："然象、相二字古通，且象系假借，故字多作相，《诗》中用之者甚多，如'相在尔室''相彼投兔''相彼泉水'之类，例甚多……由此足见古今文字之转变，皆读书人之责，而习俗固未尝有所转变。古人云'曲亡亦求诸野'，吾谓文字亦有然也。"（《文存》238页）再比如前人说经，往往将杨字释作柳，甚至望文附会，谓杨义即扬起，柳义即下垂，实不尽然。事物各有其主名，杨自为杨，柳自为柳，二者不容相混。虽然柳中别有垂杨一种（亦曰垂杨柳或杨柳），但不得因此遂谓柳即可以兼冒杨之名也。吴秋辉说："杨当春时先花而后叶，其花麗簌下垂，随风摇动，大似人之涕，故里俗呼为杨鼻涕。《易》'枯杨生稊'所谓稊者，正指此而言。稊实由涕字转变而来，杨之称涕，犹桐之称乳，乃杨

花专用之名词。前人即误杨为柳，遂更无由知稊之取义。今幸方言犹相沿未改，尚得以改正之耳。"（《文存》251页）

吴秋辉所著《齐鲁方言存古》，内中举例，多系临清方言。笔者生在临清，长在临清，工作在临清，生活在临清近八十年，对吴秋辉所说的方言比较熟悉，也感到十分亲切。一看到某一种方言，脑海中立时浮现出某个老乡或某个同事言谈话语的情景。比如前些年老家乡亲种棉花，棉花初开，曰头番（音似喷儿之合音）；正盛，曰中番；将歇，则谓之末番。若问询正在地里拾棉花的乡亲，他们满脸堆笑地说："拾中番花哩。"心里的滋润不言而喻。吴秋辉说："北人之谓一时期为一番，不独限于花木之发育有然，即人世之代换，亦称之。谚所谓一番不如一番也。"（《文存》246页）再比如一个人喝温面条狼吞虎咽，往往说他"吞茹（此吞字音如秃）几口一碗"，极言其喝得快，不加咀嚼而囫囵咽下去，很是形象生动，如见其人，如闻其声。吴秋辉进一步指出，"凡可吞食者，必柔软之物，故俗谓人之遇事而中怯者，亦曰吞茹，意即谓柔软也"（《文存》230页）。此类临清方言甚多，比如"庚（音冈）荡"、画个"则"或比个"则"，"颗颐"（音近计）、"刺拨"（音辣八）、"蹉擦"，"没恬"（音如盉儿之合音）等，皆为古汉语语汇。读者有兴趣，可品读吴秋辉遗著。

吴秋辉考证姓氏名字号谥的起源

人的姓氏是怎么来的？名与字以及号与谥又是如何兴起的？当今绝大多数的读书人，可能也不会了然于胸。吴秋辉经过周密的考证，写出一篇题为《姓氏名字号谥源流考》的近万字长文，对上述问题做了令人信服的解答。

其考证主要有如下三点。

一、名与字的由来

吴秋辉说，"生人之初"，是无名的，彼此之间，只是互称尔汝，或以指目（手指而目视，犹言瞩目）助之。后来，随着人数的增加，交流的增多，彼此语言之间，对于局外之第三者，"盖既非指目之所能及，又非概括之（如彼、他等）所能表示，于是乎名之需要起，而名之制兴焉"（《文存》407—408页）。初始并非人自己命名，而是由他人所起，就像当今给人起绰号。吴秋辉说："《尧典》为我国最古之开化史，其间所载之人名，概属如是，知唐虞之世，人尚不解自为名也。"（《文存》408页）他考证，由他人起名，大体可分为七类：（一）"有其人与器物有所发明，即以所发明之物为称者。"如尧之作为陶器（尧古只作匋，即今窑字。尧，战国人所造名之专用字），舜之作为簊簧（舜，簧之异文，古之作巽）。（二）"有其事初不必即其人所发明，而于此具有特长，人即以是称之者。"比如善于刻画事物略形的人称为契，善为乐舞的人叫夔，等等。（三）有以官职称者，如四岳、共工等。（四）有以其特殊之事故称者，如后稷之生在庙中，正当祭祀之时，且啼声洪大，致使人神不安，所以厌恶而名之弃也。（五）

有以其人之体质特殊称者，如瞽叟、放齐（放齐即今之翻脐，脐之外突者也）。（六）有以其特殊之住所称者，如皋陶（又名复陶，陶穴之复形者也，古贵者居之）。（七）有以其特殊之服色称者，如胤子之朱（古胤子皆朱芾，所谓"我朱孔扬，为公子裳"是也）。吴秋辉指出，"凡此诸人，其得名之由，率皆可按"（《文存》409页）。

后来，人感于名之需要，自名以作己身之符，其制当始于夏代。启之名，其由他称或自称，并无确证。至皋、相、桀等，则其为自称也无疑。因夏后皋、夏后相曾见于《左氏传》，而夏桀则直见于《尚书》。名之制既兴，不唯远圣往哲可举其名以为表示，即一堂晤对，亦可相互称名以唤起注意，而不必更仰给于指目。

人之名，自有生以后即命之，以至老死无改。沿袭即久，渐渐觉得人自幼小即呼名，对于尊长及耆年硕德，仍前呼之，殊感无别，且邻于不敬，于是乎字之制又兴起。所谓字，就是代其名以表示尊敬也。古人在长到二十岁行冠礼时，即易其名而开始行用字了。吴秋辉说："就实际考之，字之兴，初不始于商，殆自夏之季世已有之。成汤前六世，如上甲微、报丁、报己、报丙、主壬、主癸，即皆以字行。而夏桀之字癸，尤其彰彰者。"（《文存》410页）字之初起，原只一字，而又限于其人生时所值之日干，即甲乙丙丁戊己庚辛壬癸十个字。今传世古器中，常有称其亲曰庚曰癸者，即此谓其生时所值之日为庚或为癸也。古人之字只一字，又限于其所生之日干，故当其生前，其在常人称之，即在字下加一父字，如字甲者则曰甲父，字乙者则曰乙父之类。其在宗支稍近之人，其子行则曰父甲父乙，其孙行称之则曰祖甲祖乙。

二、号与谥的兴起

吴秋辉考证，古人成年之后，别人就不再直呼其名，其死后，不称其名则可想而知。所以，古人即以生前之字移而为其死后之庙号。"然古人之字，既限于十干，则其庙号亦只限于十干。特十干之数无几，而世序之继承则有加无已，历久必至于相犯。如成汤本字乙，迨其后又有字乙者，二者不可以无别，于是乎乃不得不于其庙号上加大小以别之，此成汤之所以号大乙，以其后别有小乙也。"（《文存》411—412 页》）以大、仲、小三者加以区别，其数仅限于三，其弊显而易见。商人知此，乃更于其生前曾经迁居之地名以冠之，如沃丁（沃在今商丘市睢阳区）、雍已（雍，即今河南杞县）、南庚（南，当即今河南之商地）、阳甲（阳，似当为后之阳城）、冯辛（冯，即后来之奄，即今曲阜地）。吴秋辉说："以迁都之地名为识别，虽亦为庙号救济之一法，然各王初不必人人迁都，则其法仍有时而穷，而武丁适逢其会。盖商代诸王，以字丁者为最多，前既有大丁、仲丁、沃丁、祖丁，则大仲小之制不可复施，而其生前又未尝迁都，后法亦所不适。唯其生前武功甚盛，为一代中兴之王，于是乎不得已，乃撮举其生平之梗概，特拟一武字以别之。"（《文存》412—413 页）不过，商人实只沿用文武二字而已。

周朝人根据商人这一庙号救济之办法，辗转而变为谥法。谥法既兴，同时字与庙号之间，亦发生极大之变化。字与庙号原本为一者，至此更划然为二也。周武王名发、字勖、谥武，号不传。这是明明白白见于经传的。本为一名也，至此已孳乳为四也。周人重谥而不重号，故其于商人之谥仅限于文武二字者，乃扩大之，人各一谥，不得相犯，且有一人而谥以数字者，如卫武之谥为睿圣武公。又古人死后，讣告报丧，援例均要写名，而周人以讳名过甚之故，间有写其字者，如齐僖公本名得臣，死后讣告上写"禄父"（禄为其字）字样。吴秋辉说："旧儒以得臣、禄父为二人，不明古人名字体例故也。"（《文存》414 页）不过，讣告上以字称，其事近乎不恭，故世人很少有效仿的。此外别有一种情况，即讣告上写其名，而不直书其名，只是合其名之切音，如晋献公本名奎，而讣告上则写诡诸，晋惠公本名敫，而讣告上则写夷吾。切音原非其本名，但周人虽讳名，至其切音则不讳之。只是使用切音，因我国同声之字太多，苟非别有所据，是不容易实指的。

三、姓与氏的起源

吴秋辉指出："以上所述，乃人类由无名而有名，由他称而己称、而字、而号、而谥，蜕变蝉联之迹。自此之后，除十干之号，废止不行外，若名、若字、若号，相沿至今，仍无大殊异……至人类称谓之前乎名而起者，厥为姓氏，而尤以姓为最先。"（《文存》415—416 页）他考证，洪荒草昧之初，人皆聚族而居，各奋起天然之能力，以从事于佃牧渔猎。同族之人，又足以相为互助，衣食自足，无事需外求。然有一事，足以促起其交通之进步者，即男女之间之婚姻。《春秋左传》所谓："同姓为婚，其生也不蕃。"因为这个缘故，对于男女之婚姻，乃不得不旁求诸各处不同血统之人。然人类之生日久，其在本族无论也，既与本族同一血统之人，其辗转分布，聚族于外者也有不少，不能以其现居之地域不同，即可决其系统之互异。故古人对于婚姻，必先辨其人之所由生，而知其所由生，则系统之同与不同，自然就十分清楚了。这就是所谓男女辨姓。姓与生原本一字，字皆作生。后因姓之制，唯女称之，更转注于女，然已至晚周时代矣。姓之始，亦由于他称，而转为己称，与名略同。其见诸载籍之最早者，则为虞舜之姓妫，考其姓，实因其所居之地而称者。盖妫在古，原只作"为"，而沩汭之沩，亦只作"为"，二字原本一字。其作水及姓，原出假借。考古所谓沩，后来多作渭。《春秋》之作沩，志虞所得姓之由耳。虞在渭水下流之北，故《春秋》称为沩汭。战国人以舜为东夷之人者是错误的。

吴秋辉在文章中写道："由此推之，姓姬者当发祥于积石……姓姜者，必出于牧羊之部落，姓妫者，必出于业弋之种族。其余各姓，亦必各为其一血统中人所具之特点，如人类之初期得名然。"（《文存》417 页）他考证，自周以来，姓始有以所自出之国称之，如卫姬、齐姜等；有以其夫家称者，如晋姜、息妫等；有以所从出之氏称者，如尹佶、雍佶等；有以其夫之谥称者，如庄姜、穆姬等。古之女子有姓无名，其所以为区别者，亦为大小及伯仲叔季耳。女子之有名，殆始于周朝东迁以后。这在出土的古器中往往见之，如鲁仲伯匜之厉孟姬、纪侯敦之姜艾、齐侯匜之猇孟姬良女等，其例甚多。

关于氏，吴秋辉考证："若继姓而兴者，则为氏。姓之用属于女，而氏之用则属于男。属于女者，在于辨血统同一……若其属于男者，欲其同一血统中，辨其一部分人聚族同居之部落，则徒姓仍不足以资应用，此氏之称所由起也……盖一姓之人，蕃衍既多，周匝布护，欲就其中别白其一部，斯不可不先即此一部分人，征求其特点。其理与姓名正同，特其范围之大小广狭为稍异。故氏之初期，其本于他称，而非自称，亦复与姓名无别。考氏之始见于载籍者，莫过于羲、和二氏。羲即包牺，乃后世之所谓太皞。和即神农，乃后世之所谓炎帝也。"（《文存》419页）上古茹毛饮血，不知熟食，自包牺兴，乃取已杀之兽泥途其外，以火爇之，泥干而肉可食。世人相习，遂以为氏，若语其血统，则风姓。和，古本只作禾，所以象禾稼之略形也。其从口者，亦后人所加，恐其与本谊相混故。禾氏以前，人无粒食，只仰给于一般野生天然物。洎禾氏兴，乃取其种，而以人力树艺之，粒食便不再匮乏。后来之弃（即后稷），特即其道而发挥光大之。于当时以其善艺禾也，即以禾称之，后遂相沿以为氏。若语其血统，则姜姓也。后来，氏之制或由他称，或由自称，乃如云而起。有以国为氏者，有以邑为氏者，有以所居之地为氏者，有以所自出之祖为氏者，有以其职官为氏者，五花八门，不可胜数。盖氏之用，初本以代表同姓中之一族，后乃代表一族中之一支派。于是增多一支派，即增多一氏，氏之数乃至不可纪极，此废被兴，随时变易，不若姓之固定有常也。

吴秋辉指出，姓与氏虽性质有不同，然在古人，男称氏，女称姓，乃昭然不可或紊。及至春秋之季，宗法渐渐破裂，又加夷夏混杂，互相行其同化仿效，于是血统淆乱，姓与氏乃并为一物，樊然不可复分。今以今人之所谓姓者言之，其为氏者十之九，其为姓者不及十之一。这其中更加以异族冒姓，与帝王赐姓及避难易姓，所以欲自辨别其种族，实至困难之事。所谓《世本》《世系表》《姓氏谱》及历代所传之碑版谱牒，大抵皆妄人不惜自诬其祖耳。

吴秋辉在文末自信地说："得吾说而读之，则其于古书之真赝，自不难了然如辨黑白。凡谬儒所说之风后、力牧、广成、容成、卞时、务光、娥皇、女英、握登、庆都等种种不通之名词，不惟无稽，抑且可哂。是实吾人研究古书之第一关键，学者知此，则其于吾国二千余年久经夭阙之古代文明，庶可籍以渐窥。"（《文存》422页）

吴秋辉考证五霸

　　"五霸"，一作"五伯"，春秋时先后称霸的五个诸侯。指齐桓公、晋文公、楚庄王、吴王阖闾、越王勾践。一说指齐桓公、宋襄公、晋文公、秦穆公、楚庄王。正如吴秋辉在《五霸考》一文的开头所说："吾国人凡稍通文字者，殆莫不知有五霸，至五霸之究何属，则言人人殊，虽老师宿儒，亦罕能下一确诂。"（《文存》446页）。他在文章中也列举了自古以来的两种说法，一则指以为齐桓、晋文、宋襄、秦穆、楚庄。一则指以为夏霸昆吾，商霸大彭、室韦，周霸齐桓、晋文。他认为这两种说法都不太确切。他说："夫以宋襄之狂腐迂谬，国辱身死，为天下笑，曾何足以语于霸者。若楚庄，则正霸者之所排斥，召陵、城濮，皆以攘楚得以成其霸业。楚可能霸，则又何人不可以指为霸耶？"（《文存》446页）至于夏之昆吾，商之大彭、室韦，并没有什么事迹故事，没有史实，难以为霸。因此，他说："所谓五霸者，二千年来，亦只有惝恍迷离，在于若有若无之列，置之以为无限期之悬案而已。"（《文存》447页）

　　吴秋辉在《五霸考》这篇文章中写道："至吾之言及五霸也，意初不专主于五霸也。意不在乎五霸，而适得五霸，以视彼专就五霸揣测，卒乃去之益远者，其得失难易之相去，宁复可以道理计。此非余之材力为独绝，诚以古人传世之书，只此寥寥数种，故其精神脉络，常相通贯，言见于此者，或义存于彼。然则所谓五霸者，果安在，曰在《国风》而已。《国风》之组织，纯以五霸为主干，五霸终而周室亦遂不振。五霸于周，殆成终而成始者。《尚书》于《牧誓》《大诰》后，即录《康诰》而终于《秦誓》，亦即此义。"（《文存》447页）

从这段话里可以看出，吴秋辉考证五霸，依靠的是古代典籍，是《诗经》中的《国风》，而五霸所处的时代，也不限于春秋，是与周朝相始终。

所谓五霸，究竟何所指呢？且看吴秋辉深入具体的考证。

他首先考释五霸之霸字。他说："顾吾于未说五霸之先，须先就此五霸之霸字，加以严格之考释，以为后来立论之根据。盖此字不明，以后之种种，即无从说起。从前诸说之谬误，其原因即全在于此。以其名称上，即无严格之定义，则其立说之范围，必漫无限制，一出一入，不唯无所标准，以薪其合，乃至并无标准，以斥其不合。此乃论理学上必不可少之条件……考霸字原只作伯，《春秋·成二年》传：'五伯之霸也，勤而抚之，以役王命。'以伯与霸并举，上一伯字，初不作霸，即其证。又《昭九年》传云：'文之伯也，岂能改物，翼戴天子，而加之以共。'亦只作伯，不作霸。而'勤抚诸侯，以役王命''翼戴天子''加之以共'二语，即不啻此伯字之严格定义，是则凡所谓五霸者，必皆为具合此二条件之人……至改伯为霸，实由于战国人恐此伯字与通常伯字相混。而此所谓五伯者，又悉为伯之变格，其数亦止于有五，不复概见，因即改此伯字为霸，以为此五人之专用字。"（《文存》447—448 页）吴秋辉这一段话，其主旨，一是说典籍上霸字只作伯，二是说凡称伯者必具有两个条件，三是说战国人改伯为霸的原因。这就告诉我们，所谓五霸，也即是五伯。

随后，吴秋辉考证了伯之起源。他认为，人既能了然于霸之为伯则不可不于伯之源流正变而详考之。他考证："伯之滥觞，实渊源于唐虞时之四岳。盖天下诸侯，此时既浑合为一，天子一人，势不能以遍及也。乃自王畿外，区分其所属之诸侯为四，而各以一人统之。当时天子巡四岳，诸侯各就相近之岳朝之，因即以此为根据，而分命此四人为四岳。四岳之制，所主管者，虽为外诸侯，然其身实始终立于王朝，初不得离天子而独立。……故当唐虞时，朝廷每有所咨询，四岳未尝不在侧，实其职务然也。夏承虞旧，乃增其数为五，且易其名曰长。《尚书》所谓'咸建五长'是也。然夷考其实，其所谓五者，不过兼畿内属民之司徒而并数之，其制初与前无异，所异者仅名称耳。以上二者，虽无伯之名，实为伯之制之所自昉。"（《文存》449—450 页）他认为，唐虞的四岳和夏朝的五长之制，就是伯之制的开始。吴秋辉指出，"至伯之名称，殆兴于商之中叶"。因为古籍《尚书》中有关于商纣王命周文王为西伯的记载。他说："商之伯有几，今虽已无可考见，然观伯而限之于西，则东北南必更有伯可知，特事无可纪，故未尝形诸记载耳。"（《文存》450页）吴秋辉考证，周有天下，伯之称仍相沿无改，唯有时加以常字，谓之常伯，以便与小伯、尹伯等区别。由此可知，伯自四岳后，经历四代，阅时千数百载，其制度初无若何更易，"此固不难即《诗》《书》所载，而一为覆案者也"（《文存》451页）。

紧接着，吴秋辉就五霸的具体所指，一一做了考证。他在文章中写道："溯五伯之兴，作俑者实为卫武。盖周自厉王流彘，王身尚存，宣王即不得嗣立。而朝廷又不可以无主，于是乎卫武乃以宗室重望，经族众交推，遂由外藩入为王卿士，兼摄王政，即王子朝所谓'诸侯释位，以间王政'，史家之所谓共伯和也……而卫武乃以一身出入上下于天子诸侯之间，别造成一种新形势，王朝之伯，几成虚设，世以其原本为伯也，因即以其旧号呼之。故伯之由内而外，实自卫武始。"（《文存》451—452页）

第二位为郑桓公。吴秋辉说："卫虽为伯于外，然王朝之内，仍自不能无伯，以举其在朝之职务。当幽王时，郑桓公友，以母弟之亲，遂以司徒兼领之。"（《文存》453页）郑桓公之子郑武公，以迎立平王并助成东迁有功，亦即嗣父为卿士，并袭其故号。郑武公的儿子郑庄公寤生，复以阴鸷之材继之。平王终身，堕其陷阱中，至于交质、取禾而不敢较。"故论五伯之罪恶，实当以郑为首，以所居不内不外，亦王朝，亦藩服。"（《文存》453页）春秋初年，郑、卫常相角不已，实为争伯之故。他并说，"卫之伯在西周，郑以下则为东周也"（《文存》457页）。

第三位为齐桓公。吴秋辉考证，郑庄既殁，郑伯就衰，周王室亦益即微弱。因前之诸侯，不畏周者犹畏郑，至是则均无可畏也。他说："不意齐桓于是时突起东隅，以尊周勤王相号召，其国力又足以副之，怀远招携，寰海之士，喁喁向风，一匡九合，声施灿然。"（《文存》454页）又说：天下诸侯，乃复知有天子。其勠力王室，颇类卫武，而功业则过之，故孟子谓：'五伯桓公为盛。'以当西周时，诸侯尚知有天子，而无待于匡，至东周则久视天子如守府。苟非齐桓，将无人更加以正视也。"（《文存》454页）

　　第四位为晋文公。齐桓公身殁之后，伯业遂衰。晋文公继之。吴秋辉写道："晋文以艰阻备尝之身，暮年得国，既抚群狄而有之。城濮之师，复摧劲楚。于是衡雍朝王，出入三觐，率天下诸侯，以同戴王室。虽不免于召王之讥，然周之所由得存，实惟晋是赖。且其子孙联翩继起，执诸侯之牛耳者，将近百年。凡王室所求，无不黾勉从事。迨六卿强而内乱起，智伯灭而三家横，晋伯就衰，周亦等于亡矣。"（《文存》454页）他又说："故论伯于周，实际上只应有四。虽其间有及身而伯，及子孙继伯之不同。所谓伯者，不必限于创伯之人，要亦不出于此四国。"（《文存》455页）

　　第五位是秦穆公。吴秋辉曾说周有伯只应有四，所以他称秦穆公为"骈枝之伯"，即多出来的一伯。为什么这么说呢？且看吴秋辉的考证："秦既得西周故地，潜滋暗长，至穆公时，殆已掩有关中之地。意当时，周以其强，似亦以伯之名号假之，恃之以为西陲保障，故秦穆特以伯称。然以其蟠伏关中，除与晋壤地相接，间有龃龉外，其涉及中原者较少，而求其勤力于王室之处，则直等于无。降格以求，则唯有定襄王一事，与伯之实，略为相近。乃又中道而反，让晋人专享其功。《诗》录《无衣》，即惜其伯业之不终也。"（《文存》455页）

　　以上就是吴秋辉从《诗经》《尚书》等古籍中考证卫武、郑桓、齐桓、晋文、秦穆的故实来说明五伯即五霸的由来。最后，他还从《诗经》十五国风组织安排的主干上，进一步验证五霸的具体所指。他指出，《国风》中的《周南》，皆文王时诗。《召南》则自成王以下而以东迁以后关于王室之诗附焉。故此二风排在最前面。邶、鄘、卫三风皆属卫风，而卫之伯在西周，故紧随其后。接着是《王风》，而《王风》乃专刺平王一人之诗。平王终身，受制于郑之伯，故《郑风》紧随其后。《齐风》又次《郑风》也。《魏风》《唐风》，皆属晋风，故又次齐后也。《秦风》自应排在晋之后。《秦风》之后，陈、郐、曹三个小国，陈当附卫，郐当附郑，曹当附晋，今三国风之次序，即以此而定。《豳风》居末者，以其诗专主周公。《国风》之大体已略具，五伯即五霸为《国风》之主干也已明了。

　　综上所述，可知吴秋辉的《五霸考》，"工具极笃实"（梁启超语），论据甚可靠，论述又十分严密，无懈可击，让人信服，令人叹赏。《五霸考》全文近万字，字字珠玑。吴秋辉曾说过："吾国春秋以前之古史，大抵须根本改造，改造之道无他，探源《诗》《书》，济之以古器物文字及各种实迹已。"（《文存》489—490页）由此看来，吴秋辉写作春秋以前之古史，已胸有成竹，可惜天不假年，刚刚五十岁便怀着著作未竟之遗憾驾鹤西去了。这无疑是古史研究领域的莫大损失！

（原载《春秋》杂志双月刊 2020 年第四期）

吴秋辉评说前贤及其著述

吴秋辉治学考古，坚持不屈从于前人的现成之说，不跟在前人后边亦步亦趋、人云亦云。他著书立说，哪怕前人是宗师鸿儒、名流大家，评说起来，丁是丁，卯是卯，或赞扬其精准之处，或肯定其注疏吻合的地方，或批评其谬误，一针见血地指出其病根，笔下毫不留情，绝不迁就含糊。吴秋辉对前贤得失的评说，现列举如下。

说子夏

子夏是孔子的亲传弟子，对《诗经》颇有研究，曾为《诗经》作序。吴秋辉对其人其序赞扬有加。他说："子夏亲受业于圣门，又为圣人所特许可与言《诗》者，其去作诗者之时代，近只百余年，远不过二百岁，其所纪述当然可信。"（《说经》105页）。又说："《诗》自孔子后，其有得于《诗》者，当首推子夏。今观其所为《小序》，虽止寥寥数字，无一不千锤百炼，自铢肝刿胆中来。其言悉扼要钩玄置身题外，无一字入诗之中，却又无一字不鹽诗之脑。"（《说经》7页）还说："古人之文字，首重谨严，决不肯使一字泛设。凡春秋以前之文字皆然。子夏在圣门，素以文学著称，故其文字之高洁如此。世人读《诗序》，当与《论语》《春秋》《尚书》《易》之卦词爻词，用同一副眼光。"（《说经》1055页）他甚至说，"子夏之《小序》，其精赅处，直可与经并传"（《说经》505页）。

吴秋辉对子夏的个别失误之处，也毫不掩饰地予以指出。子夏为《诗经·襄裳》作序云："思见正也。"吴秋辉认为，子夏此序，虽只就诗言诗，然殊不免错误。而这种错误，对子夏来说，可谓百密一疏，千虑一失。"此乃人情之所不能免，正不必曲为贤者讳也。"（《说经》798 页）

说孟子

孟子被后人尊奉为亚圣。吴秋辉对孟子评价甚高，他说："自子夏后，古今之善言《诗》者，厥唯孟子一人。今观其论《诗》之言，无一不批郤导窾，锋发韵流，如犀分水。由其识高，故发言无不洞中肯綮也。至于说《诗》者，'不以文害辞，不以辞害志。以意逆志'，尤属卓绝之论。"（《说经》8 页）他对孟子言古事之错处，也毫不掩饰，他说："孟子脑识之明瞭，余尝推为孔子后一人。惟其志期于用世，对于古籍，未尝为甚深之研几。故其言古事，多不可信。此自风气使然，初不必为孟子讳。彼于齐、鲁尚以为封自太公、周公，于淮、泗、汝尚以为注江，则其他幽隐之事，可以想见。崔东壁（清代学者崔述）偶觉其不合，辄诿以为他人所记，虽曰为贤者讳，实则孟子之大，初不在此。孟子有知，亦必不乐人之饰其非而遂其过也。"（《文存》381 页）吴秋辉在《说经》一书中也说过此类意思："孟子识解之明通，实为孔圣后一人，惟疏于考古，故其论古事，词虽博辨，殊不适合于当时情势。"

说战国之祸

吴秋辉对于战国的恶劣影响深恶痛绝，多次严词指斥。他说战国之时"故其于一切学术，概视之为迂阔无用，而其所汲汲者，唯在于目前几微之功利……此数百年中，中国自虞、夏来二千余年之文明，几为之丧亡殆尽，而人民之品性，亦遂大行变易。凡近日之种种恶因，殆无不自此时造成之也。经学之散亡，犹其事之小焉者也"（《说经》469 页）。又说："无如中国人自战国以降，其审理之性，已完全丧失，偶有所问，即自视以为了解，绝不解为彻底之研究。人有问我者，我亦若是答之而已。此经学之沉晦，所以竟至千数百年也。"（《说经》722 页）他还特别指出战国儒生的谬论对研讨《诗经》的恶劣影响："《诗》自战国后，不惟其义无人能通，即其字人亦无由尽识。以同一民族，上下仅三二百年间，而智识之程度，相差如此之甚，由是可知邪说之贻害人心，其祸之烈，天地间直无其伦比。而教化一失，民德之堕落，虽影响亦莫喻其捷。"（《说经》581 页）

说荀子

荀子是战国时思想家、教育家，名况，时人尊而号为"卿"。其学说对古代唯物主义的发展有所贡献。吴秋辉评论荀子说："战国时之儒，除孟子外，殊鲜通者，即荀氏也逊一筹，但此观于周礼《祭法》《明堂位》《月令》诸篇，其不通即不难考见一斑。"（《说经》705 页）

说《左传》

《左传》亦称《春秋左氏传》，相传为春秋末左丘明据各国史料编成。吴秋辉认为："《左传》一书，本左氏荟萃各国史策所成，故其书极杂，即正朔犹不一，他可知矣。"（《说经》398 页）他说："左氏本七国初人，其叙春秋初年事，每多错误。"（《说经》965 页）又说："左氏虽曰以古文传授，然实以为战国间之古文，不得认为文字原本如是也。"（《文存》96 页）

说《毛诗》

相传《毛诗》为西汉初年毛亨、毛苌所传。吴秋辉说："故《诗》之流传至今者，止毛氏一家而已。《毛诗》虽传自毛氏，至其书果为何人所作，则已无可考。然其书必为最古之书，则有可断言。"（《说经》9 页）又说："《毛传》之误，固由拘牵于续《小序》者之谬文。而其对于字义，胡乱加以解释，亦其弊之大者……一字也，往往解作七八义；一名也，往往指为四五物。"（《说经》11 页）不过，吴秋辉说："毛氏诬经之罪，固不可逭，而其传经之功，亦不可没。以其所传者，确系为从前真本也。"（《说经》12 页）

说《尔雅》

吴秋辉首先对《尔雅》的作者予以指正。他说："《尔雅》乃汉人说《诗》

《书》之书，传者或以为出身周公，特谬。周公岂反能于身后注《尔雅》乎？"
（《说经》75页）又说："《尔雅》为汉人汇萃经注所成，决非古书，殊不足
为说经之据。"（《说经》103页）还说："《尔雅》一书，皆汉人荟萃当时
经学家谬说，杂凑所成。而世之所谓汉学家者，方且奉为金科玉律，以为出自
周公，不亦大可哀乎？"（《说经》145页）

　　吴秋辉还指出《尔雅》在文字、名物上的错谬。他说："《尔雅》所载之
字多此类，皆前人用以欺世之无识者。实则此公学力极浅，彼并不知古文最忌烦。
彼视以为古者，乃古人之所必无也。"（《说经》14页）又说："好在此公之
于文字，本系可以随意捏造者，故其书中，前无古人、后无来者之字，极多。"（《说
经》345页）他痛斥《尔雅》臆造草木名称，说："《尔雅》所言之草本名称，
十之八九，出于臆造。特乡曲陋儒，随意撰成，以苟且支吾，暂免诸生之问难。
故即《尔雅》求之，反不及就经传求之，或易得其物。因《尔雅》一书，本全
为欺世作也。"（《说经》664页）

　　对于《尔雅》作者的病根，吴秋辉也看得很准很清楚，他说："余尝谓作
《尔雅》者，乃古今第一妄人，亦古今第一可怜人，以其于一切义意，心实不明，
故笃信秦汉间诸儒之妄说，以荟萃成书也。"（《说经》468页）

说司马迁《史记》

　　鲁迅曾盛赞司马迁所著之《史记》为"史家之绝唱，无韵之《离骚》"。
而吴秋辉对《史记》所记之史事，评价并不高，他说："《史记》记春秋前事，
不唯其年岁不合，即其所言世序，亦多不可信。以其所据者，非战国时之谬说，
即秦汉间人所捏造之《世本》及《国语》故也。"（《文存》456页）又说："《史记》
所载诸世家、本纪，大抵皆以《世本》为根据，而附之以战国秦汉间之各种臆说，
故其记述东迁以前事，无不奇谬。盖入春秋后，犹赖有《左氏传》，以为之前导，
虽因好奇之故，不免时有出入，至成瑕颣，然大体不甚悬殊。"（《文存》481页）
吴秋辉还强调说："若夫史迁作史，乃所以信今而传后，亦复沿讹袭谬，信手
掇拾，联缀成文，绝不知有所抉择，则无识之讥，恐有不能避免者矣。"（《说
经》929页）

说许慎《说文解字》

吴秋辉对东汉人许慎所著《说文解字》一书，有褒有贬，褒少贬多，有时甚至是指斥。比如他说："秦汉以前之字书，世久无传。许氏此书确为天地间不可少之著作。唯其识太陋，而不足以上窥古人六书之原。且好摭拾当时曲儒之谬说，以广异闻。遂至真赝杂糅，是非莫辨。"（《说经》16 页）又说："《说文》此等处，实可谓披沙拣金，时时见宝。特其解说……则仍一本乎汉人穿凿支离之积习，殊不能曲为贤者讳耳。"（《文存》11 页）他深知许慎的时代局限性，说："窃尝谓以《说文》说经，纵极精确，推其极至，亦不过如汉人之说经而止……特以当时古文之学未兴，其所视为最古之字典者，舍《说文》外无他属。时代限人，虽魁杰亦无能为力。"（《说经》2 页）

吴秋辉贬责许氏《说文》的地方很多，比如他说："古之妄人，除作《尔雅》者外，即当首推作《说文解字》者之许氏……许氏唯其识陋，故其书所收之字，离奇纰缪，几于不可究诘。有宜有而反无者，有本无而反有者，有部居错乱者，有音义乖迕者。"（《说经》14 页）又说："许氏所谓古文，皆战国讹俗文字。"（《文存》144 页）他甚至说："《说文》《尔雅》，实六经之蟊贼。自二书出，而古代文明，遂二千余年，无人窥见。其书其人，实不得不谓之应世运而出。"（《说经》666 页）

说郑玄

郑玄，字康成，北海高密（今山东高密市）人，东汉经学家，曾遍注群经，成为汉代经学的集大成者，世称"郑学"。吴秋辉对这位山东老乡也不客气，持平之论，褒贬得当。他说："郑氏之注三礼（即《仪礼》《周礼》《礼记》），多荒谬处，然亦有一事，其功为不可没者，则其于注《仪礼》，凡今文之与古文异者，皆附列其不同之字于下。虽所得至鲜，然吾人得由之以窥见古文之一二者端赖于此。"（《文存》326 页）又说："郑氏之注《仪礼》，虽谬误时所不免，然较诸其所注他经，稍形完善。盖此公于此书确曾为心苦之研几也。"（《文存》492 页）对郑玄所注其他经书，吴秋辉的评价是："盖此公之说经，绝不解就经文上为适当之考索，乃专意经文外，横生枝节，东牵西扯，务必使全经不可复通而后已。"（《说经》695 页）又说："惟康成郑氏说经，多有引用方言之处。特是一按其所谓方言者，于实际乃百无一合。大抵此公于义有所不通之处，则托之为方言，以欺人以自欺。"（《文存》352 页）

对于郑玄的病根，吴秋辉也看得很准确。他说："此公于书，虽无所不用其注，而于书实不甚加以研究。"（《说经》392 页）又说："吾谓郑氏一生，并不通文理，其注经之荒谬处，强半原因乎此。"（《说经》419 页）

说郭璞

郭璞，东晋文学家、训诂学家，有《尔雅注》传世。此书袭谬承讹，多与经文不合。吴秋辉曾以《诗经·生民》一篇中的"维穈维芑"为例，说"郭氏注《尔雅》，则因汉儒已有粱类之说，而粱类之中，适有赤白二种，遂妄以穈芑二字分当之，且臆创为赤粱粟、白粱粟之名，成为千古笑谈。

说孔颖达

孔颖达，唐朝经学家，曾奉唐太宗命主编《五经正义》。吴秋辉评论说，汉儒说《诗经》，多支离荒谬处，读者苟稍一玩索，即不难看出。"此事在他人，犹可以不求甚解置之，至唐孔颖达奉诏作疏，乃独承其弊。以疏者，所以申明传注。凡传注之不合者，在彼犹得以含浑了之，至此乃不觉全行暴露。故孔疏中对于传、笺提出之疑问颇多，无一不洞中肯綮。然其弊仍犹之前人，知其非而不解别求其是，又为其体例所拘，传、笺虽极无理，亦必须缘饰附会之，而终沿用其说。此其所以于诗学之本义，终不能有若何救正也。"（《说经》20 页）

说朱熹

朱熹为南宋哲学家、教育家，字元晦，别号紫阳。他广注典籍，著有《四书章句集注》《诗集传》《楚辞集注》等，被后世尊奉为儒学大家。可吴秋辉并不认可，他说："世以朱子为大贤，谓能正心诚意。余读其书，窃有所未敢信也。朱氏之说诗，其不可信者，几难悉数。"（《说经》271 页）又说："盖朱子之注书，好为苟异，偶得一说，见其可以立异于前人，即欣然命笔。至其说之能否与各处相通，则以欣喜之余，初不暇顾及，因此每至酿成笑柄。是皆好名之心过盛，有以摇其中而动其气也。正心诚意数十年，而仍不免于好名之过，则克制之难也。"（《说经》186 页）还说："今考朱氏之为《集注》也，其于诗义，初非有若何之考见。不过见旧注支离，而序言又不可尽信，遂一意推翻之，而为一己立名之地。至于诗义，果能有当与否，则非所计也。故其虽注《诗》，而其对于《诗》言，实未尝为详细之推求。"（《说经》21 页）吴秋辉还嘲讽朱熹，说："尝怪考亭（即朱熹）大贤，平生严气正性，凛然不可犯，所谓'非礼勿思'者。乃其注《诗》则动辄指为淫奔。甚或人皆不见其淫奔之迹，而自先生观之，亦胥以淫奔目之。若以诚中形外之说相绳，恐不能免于唐突大贤矣。"（《说经》117 页）

说戴震、崔述

吴秋辉评注戴震和崔述时说："前清中晚间学术界中确然能自树立者，在南则为戴东原（即戴震），在北则为崔东壁（即崔述）二人者。其求是之精神及其艰苦卓绝之操，皆足以使人五体投地。然戴虽不佞汉，终不能打破汉儒之藩篱；崔虽不谄宋，终不能摆脱宋儒之窠臼。故在今日之眼光视之，二人之成绩皆不足以副其初志。"又在另一页面上写道："东原尝自言：余之学初不外以字考经，以经考字……惜乎限于时代，其所谓字者，既囿于谬种流传之《说文》《尔雅》；其所谓经者，终亦不出于汉人杜撰之《周官·考工记》《大戴礼》等，而于真正之经书反无所窥见。故以言乎字，字既不通；以言乎经，经亦不明。此非余妄议先生，实所以为先生惜也。"吴秋辉评价崔东壁说："崔氏论古有识，而于经书，多未能详考。此其成绩所以不能尽合其初志也。"（《说经》304 页）他的看法是："大抵戴、崔二氏其成绩略相当也。"

说俞樾、章炳麟

吴秋辉说："近世德清俞樾、余饶（应为余杭）章炳麟，则手中但执一部断烂《说文》反复寻查，不曰某经某字当为《说文》某字，即曰某经某义与《说文》

不合，当改从某义。其论调大抵为甲可通乙，乙于某处又可通丙，丙与丁形声相近，则甲可通戊。其不通论理，在有识者一望可知。至其以后世书证前古事，犹其小焉者也……余于二氏之书，多置不论，兹仅举俞氏说'齐子发夕'一节，以见一斑，则其余当可想见已。"（《说经》94 页）随后，吴秋辉便把俞樾解释"齐子发夕"之荒唐可笑之处，详细加以解说。限于篇幅，此文不录了。

以上摘录的吴秋辉对前贤及其著述的评说，未必都精准，恰如其分；但他并不是凭空说狂话，也不是有意轻薄前贤，而是在指正前贤注疏典籍的谬误时自然作出的判断，是有根有据且有理的。

吴秋辉的诗

古人说："诗言志。"吴秋辉的两卷诗词——《佗傺轩诗词》，是了解他的思想感情和为人处世的少有的第一手资料。通过对这两卷诗词的研究，笔者认为吴秋辉的诗有四方面的特点，足以为来者所借鉴。

一、起步早，起点高

《吴秋辉先生事略》一文，说吴秋辉"天资颖悟，风神骏爽，龆龄受书，卓异不群。少长，性喜诗赋、小说，不肯学为时文，故为童子试时，即以善诗赋知名于乡。"吴秋辉参加童子试，时年十七岁，可知他十几岁便有诗名。经考证，《佗傺轩诗词》两卷中，已确知是他二十岁以前所创作的诗词就有十多篇。比如《甲午重九登舍利宝塔》一篇，即为他十八岁所写。

吴秋辉十几岁所写的诗词，并没有给人一种稚气之感，相反，倒感觉写得老到、老练、老辣，耐人品味。比如上面所说《甲午重九登舍利宝塔》一诗：

> 落木萧萧拂锦袍，浮屠绝顶共持螯。
>
> 风生野渡帆来急，云净寥天雁唳高。
>
> 看射有时随李广，傭书何事老班超。
>
> 茱萸满泛当筵酒，痛饮狂歌读楚骚。

短短八句诗，写了秋天与友人登塔，写了登塔所见所闻之景物，并通过巧用典故写了自己的所思所想，写出了自己的心情，可以说，此诗写得格调高、韵味浓。再比如《尖庄税局》：

> 暗室悲风入，虚堂冷气侵。
> 断云沉雁影，微雨答虫吟。
> 景物经秋变，乡愁入夜深。
> 故园无百里，归梦好相寻。

这首诗是吴秋辉十九岁任临清运河钞关关吏时所写，写得情景交融、意味深长。特别是颈联，堪与唐诗宋词中的千古名句相媲美！

二、形式多样，题材广泛

吴秋辉的古体诗，以五言、七言居多，也有少量六言诗，比如《初春杂咏》《村居效宋人体》等，也有词、曲。在五言、七言诗中，有短章，有长调，以长调为少，比如《浮桥歌》《吊王冠卿》等。这说明吴秋辉掌握古体诗的各种样式，并能得心应手，驾轻就熟。

吴秋辉的诗题材广泛，内容丰富。有描画游历之地景物的，如《游尚志堂书院》：

> 洙泗遗风想未休，讲堂西畔且勾留。
> 士多邹鲁文俱古，地近湖山趣亦幽。
> 草色迎人犹自绿，泉声绕砌石成秋。
> 隔花忽送琴书韵，惊起庭前数白鸥。

洙泗，即洙水、泗水，二水之间，有孔子聚徒讲学之所。后世因以"洙泗"代称鲁国的文化和孔子的"教泽"。孟子生于邹，孔子生于鲁，后因用"邹鲁"为文教兴盛之地的代称。尚志堂书院遗址在济南，吴秋辉游历此地，不仅写出此地的传统文化积淀，也写出眼前所见美丽景色，耐人寻味。有写思念亲人的，如《四忆诗》《忆幼子》即是。有直抒胸臆的，如《书愤》《述志》《有感》《醉书佗傺轩说经后》等，此类诗为数不少，都写得真诚感人。有馈赠友人或与友人唱和之作，如《寄保阳旧友》《寄王阑友》《寄张怡白》《同单警斋金铭夜饮》

《答荆门》《与荆门夜话》《镜如以感时诗见束》等，此类诗数量颇多，从中可以看出吴秋辉与友人的真挚深厚友情。写日常生活的诗数量最多，如《阴雨独坐》《东溪幽居》《晓过土山》《久雪》《德州途中》《过黄河》《夜雨幽窗，倚枕不寐，俯仰今昔，率成二律》《夜坐》《雨坐》《睡起》《宿高唐》《落日》《月夜纳凉》等，从这些诗题可以看出，吴秋辉善于捕捉生活中的诗意感受。在他的笔下，日常生活中的点滴小事都可成诗，而且诗意隽永。请看《久雪》一诗："浓云镇日锁松扉，灞岸寻阳客未归。寄语玉龙休再斗，满空鳞甲不胜飞。"从长时间下雪这一寻常事，写出这样一首有景有情诗意盎然的四句短诗，不是大手笔，是绝对办不到的。

三、真情实景，天趣盎然

南北朝时期的刘勰在《文心雕龙》中说："岁有其物，物有其容；情以物迁，辞以情发。"吴秋辉崇尚大自然，他描写大自然的景色，情随景生，而景又烘托情，情景交融，让人觉得天趣盎然。如《晚过汶滨口号》一诗："碧天无际火云收，柳外寒萤闪闪流。一曲高歌风满袖，月明已上水边楼。"傍晚在河边，仰望蓝天，看见夕阳西下时的红云已沉没，柳丛外边的萤火虫正飞来飞去，一轮明月已升上河边的百尺楼头，心里高兴，情不自禁地唱起来了。诗中弥漫的真情，令清描淡写的诗句绚烂至极，引人渐入佳境。又如《秋愁》一诗："白云红叶满空林，百尺楼头秋色深。欲把瑶琴写幽怨，茫茫何处觅知音。"描画眼前深秋的景色，抒发内心怀才不遇的幽怨，语言含蓄，令人深思。描写景物，如果没有诗人自己的真情实感，就不可能写得像草木发芽那样自然，更不可能引起读者的强烈共鸣。再比如《边城曲》一诗："一夜天山雪，边城渐觉寒。寄衣犹未到，不敢说衣单。"此诗的主旨是写客居边城的游子与远在故乡的家人的亲密关系，但"不着一字，尽得风流"。

四、用典精当，意蕴丰厚

吴秋辉天资卓越，学识渊博，他创作诗词，往往恰到好处地嵌入有关历史典故，增加诗的厚重感，使诗的意蕴也丰厚起来。比如《寄张怡白》一诗：

沧海横流少定居，故人消息近如何。

南州徐孺犹悬榻，东上任安未报书。

世事蓓腾蕉覆鹿，客途冷落釜生鱼。

鹊华山色晴如黛，苦忆从君跨蹇驴。

张怡白，名树德，是吴秋辉的同乡好友。他曾说："余与怡白同里，年相若。少日皆好南北词，每相逢辄以背诵曲词为乐。"张怡白少有大志，兼资文武，曾入山东武备学堂。毕业后，加入同盟会，从事革新运动。他曾赴河南充汝阳道内务科科长，上峰深资倚重。党禁既弛，遂回到山东服务议会兼任盐运司秘书，革除陋规，商民称便。民国十二年（即 1923 年）春，卒于济南旅寓，年仅四十五岁。诗的三、四句即用典写明张怡白的这段经历。《后汉书·徐稺传》说："时陈蕃为太守……在郡不接宾客，惟稺来，特设一榻，出则悬之。"后因以"悬榻"比喻礼待贤者。用这个典故写怡白在河南汝阳道受到"上峰"的礼遇，恰到好处。任安，字少卿，汉武帝时人。他任益州刺史时，曾给司马迁写信，要司马迁利用在汉武帝身边任职的便利条件"推贤进士"。司马迁当时处境困厄，未及时回信。汉武帝太始四年（公元前 93 年）十一月，任安获罪当斩，司马迁才给他写了回信。吴秋辉用这个典故是说张怡白从河南回山东后，自己未及时给他写信联系。接下来的颈联两句诗，用两个典故写出自己的处境，也即是未及时给张怡白写信联系的原因。蕉覆鹿，《列子·周穆王》说，春秋时，郑国樵夫打死一只鹿，怕被人看见，把它藏在无水的壕沟里，盖上蕉叶。但后来去取鹿时，却不知鹿在何方了。于是他以为是一场梦。后多用此来比喻把真事看作梦幻的消极想法。釜生鱼，即"甑尘釜鱼"，典出《后汉书·范冉传》，意即甑中生尘，釜中生蠹鱼，形容贫苦人家断炊已久。这两个典故正好表达了吴秋辉穷困潦倒的状况。虽然如此，他还是常常回忆起二人共同游历鹊华山的情景。

再比如《丁卯三月二十日，为吾师高密绍虞傅先生八十寿辰，客中无以为祝，聊献短句，用介繁厘》一诗：

　　海右存师表，人间见寿星。

　　贫高原宪节，老授伏生经。

　　世仰真名士，天留旧典型。

　　郑公遗躅在，千古共流馨。

　　绛帐趋承日，回头三十年。

　　沧桑成小劫，楛栎喜同全（当时及门今没已过半）。

　　事业期身后，神明占福先。

　　敢持一尊酒，用代九如篇。

　　恩师傅绍虞八十寿辰时，吴秋辉写此诗祝贺。诗中的原宪，是孔子的学生。他贫而有气节，孔子死后即隐居于卫国。伏生，亦称伏胜，济南章丘人。西汉时今文《尚书》的最早传授者，当年研究《尚书》的学者，都出于他的门下。郑公，即郑玄，字康成，东汉经学家，与恩师傅先生同为山东高密人。郑公游学归里，聚徒讲学，弟子多至数百千人。吴秋辉用上述三位古代贤人比拟恩师的为人为学。最后两句诗，"敢持一尊酒，用代九如篇"，"九如"，即《诗经·小雅·天保》诗中连用九个"如"字，有祝贺福寿连绵不绝之意。后因以"天保九如"为祝寿之辞。这个典故用在为恩师祝寿的诗中，显然是精当的，而且意蕴也更丰厚了。

　　吴秋辉的诗，他生前好友王石朋称赞说是"诗学前身孟浩然"。《吴秋辉先生事略》评价说："性情所激，文亦真至，其《侘傺轩诗词》两卷，藻联日月，气挟风霜，在近代文坛上放一异彩，非偶然也。"吴秋辉对自己的诗很自信，底气十足，在《哀歌行赠杨秋屏》一诗中曾说："自谓清词凌屈宋。"我相信吴秋辉的诗如同他的学术著作一样，是留给后世的一笔宝贵的文化遗产，值得专家学者、行家里手认真加以研究、探讨，写出一批高水平的赏析文章。

吴秋辉诗赞济南

　　吴秋辉生于临清，卒于济南，短短五十年寿命，前半生在故乡生活，后半生在济南度过。他在《再致梁任公书》中曾说："道长半生，中间除旅京三年外，二十余年未出济南一步。"可以说，临清是他生长之地，济南是他成就之城，他的皇皇巨著，绝大部分是在济南写作完成的。他在济南先后租住过"南门里之行窝""大不仓吉升公寓""布政司街之皇亲巷""历下古榜棚街之寓楼"以及西更道寓所等，其足迹遍布整个城区。济南是吴秋辉的第二故乡，他与济南结下不解之缘，感情真挚而深厚。这种感情，充分表现在他所写的多篇赞颂济南的诗作里。

　　"四面荷花三面柳，一城山色半城湖"，"家家泉水，户户垂柳"，是济南独有的城市风貌。所谓"一城山色"，主要是指千佛山。吴秋辉喜爱千佛山，他曾说："九日登千佛山，屈指连年高登于此者已八次矣。"笔者所见他专门写千佛山的诗作有两首，其一：

　　　　石径苔浓霜气深，连峰楼阁昼阴阴。

　　　　去帆影重天沉水，落叶声高风满林。

　　　　万叠云山迷望眼，十年湖海失初心。

　　　　当筵拟泛茱萸酒，近为伤秋恐不禁。

其二：

> 南山一抹碧无情，载酒登临趁晚晴。
> 飞鸟渐迷云起处，空林时作雨来声。
> 秋深故国劳魂梦，客久山僧识姓名。
> 且喜此身常健在，年年沉醉赋餐英。

前一首诗，从登山所见所感，从远景近景，从空间与时间上一路写来，写得开阔辽远，写得感情深沉。后一首诗，从登山急切之情写起，写瞩目远眺，写幻觉，写山僧的热情，写自己的心愿，写得很有情趣。20 世纪 60 年代初期，笔者曾在千佛山脚下的山东师范学院（今山东师范大学）读书五年，登临千佛山的次数不可胜数，只是自己学识浅薄，"不识庐山真面目"，写不出"去帆影重天沉水，落叶声高风满林"这样大气的诗句，也写不出"飞鸟渐迷云起处，空林时作雨来声"这样构思精巧的文字。

大明湖素有泉城明珠之美誉，也是吴秋辉的最爱。闲暇时，他携来济南的家人游大明湖，也同新朋旧友一起游大明湖；他在大明湖修禊，也在大明湖饮酒。可以说，他的生活离不开大明湖，他的诗作自然也少不了对大明湖的赞颂。比如《明湖修禊》组诗之二：

> 芦芽短短柳丝丝，菱刺藤梢绿满陂。
> 向日花明汇泉寺，临风莺语铁公祠。
> 近湖池馆迷歌扇，背郭人家多酒旗。
> 最是一般惆怅处，小桃红上去年枝。

《明湖修禊》组诗之三：

> 兰桡宛转镜中天，玉管金箫满泛船。
> 出水荷明初著叶，沿堤柳老渐飞绵。
> 光阴晼晚临挑菜，径路依稀认采莲。
> 赠芍煎裙儿女事，百壶且放酒如泉。

春天里的大明湖，新冒出的芦芽，刚出水的荷叶，嫩绿的菱藤，婆娑的柳枝，还有鸟语花香、玉管金箫、歌扇美酒，构成一幅如诗如画的生活图景，令人陶醉，令人神往。这就是吴秋辉笔下的大明湖！他还写有一首题为《铁公祠水亭》的诗，是写秋天里的大明湖：

> 几处亭台几多杨，蒹葭露冷正苍苍。
>
> 水光上街摇诗笔，山色穿城入画廊。
>
> 坐久渐嫌秋意重，风来时带藕花香。
>
> 清游不觉碧天暮，隔蒲寒烟隐夕阳。

亭台绿杨，芦苇苍苍，水光上街，山色穿城，秋意浓浓，藕花馨香，多么亲切而美丽的画面！难怪诗人乐而忘返。吴秋辉与两个朋友聊天，曾谈到前人所写"风沦历城水，月倚华山树"两句诗，"为咏济南风景者千古绝唱"（吴秋辉著《破屋宾谈》）。此诗中的"水光上街摇诗笔，山色穿城入画廊"两句诗，即使算不上千古绝唱，也称得起千古名句。写大明湖的诗篇还有《李和卿县长招饮湖上》，内中"碧玉一奁山倒影，琼枝千顷荻抽芽"两句诗，也是难得的上乘佳句。

吴秋辉对济南的山水非常钟情，不仅写了千佛山，写了大明湖，还写了《曲水亭歌》，描绘出曲水亭街两侧流水潺潺的"泉水人家"风貌；写了《游尚志堂书院》，写出"草色迎人犹自绿，泉水绕砌不成秋"的精彩奇句；也写了《晚登济南城楼》所见"万木回环山远近，孤城荡漾水周围"的美好景色。当然，还有一些散见于其他诗篇中对济南的赞美之词，限于篇幅，就不一一列举了。读者有兴趣，可读一读吴秋辉的诗词。他的两卷《侘傺轩诗词》，"藻联日月，气挟风霜，在近代文坛上放一异彩"（《吴秋辉先生事略》）。

（原载 2018 年 6 月 2 日《联合日报》）

吴秋辉笔下的临清

  临清是千年古县，运河名城。明清两代，临清凭借大运河漕运兴盛而迅速崛起，成为"繁华压两京""富庶甲齐郡"的重镇，闻名遐迩。吴秋辉生于清朝光绪三年丁丑（即公元 1877 年）八月初九日，童年、少年、青年时代是在临清度过的。临清当年兴盛的遗闻，他听长辈讲述过；临清当年繁华的遗迹，他多次游历过。他对故乡临清很有感情，曾从多个角度、不同层面写过临清，给临清人民留下一笔宝贵的精神财富。

  吴秋辉曾考证过临清的历史。他在《渔古碎金》一书中专门写过一篇《大陆》。文中说："临清自昔为河流（指黄河）所经，今东西两堤，遗址犹存（相距约四十里，可想见古时河流之巨）。县治适介在其中央，故其设治也特晚。在历史上绝无古迹可征引（临清设治，殆在南北朝时，然亦非今治）。"他指出，临清历史上曾有清渊之名和永济之名，但绝无古沙丘和贝邱之称。他说："今考临清实《禹贡》之大陆地……盖临清之所以名大陆者，即无河流（除黄河故道之外），周回二三百里中亦无山，唯是茫茫一片陆地，故古人锡以是名。"吴秋辉的考证，把临清这方水土的远古历史说得清晰可信。

  吴秋辉未及弱冠，十几岁便以诗词闻名于乡里。而这个时期他创作诗词的一个重要主题，便是讴歌赞颂故乡临清。他以生花妙笔描画临清的名胜古迹。他写舍利宝塔："宝塔何年造，登临意惘然。地居秋水畔，人上夕阳天。铃语凌风脆，钟声隔树圆。腾身依日月，荡足起云烟。城郭参差见，田畴远近连。河声飞槛外，黛色落樽前……"（《秋登舍利宝塔、见杨蝦庵诗、因步其韵》）

几行短诗，写得意蕴丰厚，既写出宝塔所处的地理位置，塔铃、塔钟之声的风中特色，又写出人登塔后的所见所闻所感，把自己内心对宝塔的喜爱感情充分表露出来了。在《甲午重九登舍利宝塔》一诗中又写道："风生野渡帆来急，云净寥天雁唳高。"因为塔建在郊外，矗立在运河边上，所以登塔才有如此独特之所见所闻。

写土山和土山上的观化亭。开挖明代运河时堆土成山，高十余丈，阔百数十步，名曰土山，临清人亦称龙山。"土山晚眺"是临清十景之一。清朝道光初年于土山之最高处，筑一亭，曰观化亭。登其上，可揽全市。观化亭为临清名胜之一。吴秋辉曾写有《晓过土山》一诗："落木萧萧草半荒，土山高处认秋光。鸟啼落月夜初晓，雁过汀洲天欲霜。深巷人归犹吠犬，野篱花老渐鸣螀……"秋天的一个早晨，他陪伴祖母外出散步，路过土山，通过所见所闻，便把土山最具特色的秋天景象写出来了。他在一首回首往事的诗中曾提到土山观化亭："小集同登观化亭，西瓜同切绿沉青。阑西亦有笙歌队，何似卿言耐久听。"寥寥几笔，写出与友人同游观化亭的乐趣。

写《游净宁寺》和《游永寿寺》。净宁寺位居城外，游历的客人稀少，寺僧闲来无事，多就庭前隙地种菜，为人质朴。吴秋辉这样写道："取次踏青出古城，琳宫小憩惬幽情。半畦野菜余寒色，一迳长松闭晚晴。四壁云山参佛座，满天花雨散经声。老僧质朴知留客，为拂尘床置禾羹。"永寿寺在舍利宝塔附近，游人如织，吴秋辉用另一副笔墨写该寺："绿杨尽处接疏篱，古寺岧峣俯水湄。雨过回垣蜗作字，夜昏隔壁鬼吟诗。闻阶日午经声歇，别殿花深磬响迟。鹤梦惺松慵未醒，不知朝市有迁移。"两寺虽所处的环境不同，景色各异，但都清幽静谧，令他乐游其间。

写大运河。大运河流经临清城区，曾伴随吴秋辉度过青少年时代，给他留下诸多美好回忆。他写大运河的繁盛历史："闻说当年极盛时""帆樯万斛矗碧落，画船镇日相追随"；写所见春暖花开时的运河："南城雪尽水门开，春色含青入古槐。帆影曲随堤柳转，河声斜抱钞关来"；写雨中的运河："痴云翻墨锁茅亭，傍晚雨音忽满庭。乱杂人声归野岸，高跳珠影入关厅。孤帆远向烟中落，柔橹全从柳外停"；写月夜中的运河："风定河声常在耳，月明塔影正当窗。

荒村地僻行人少，估客船多夜语庞"。均以质朴传神的妙笔写出运河帆樯林立、商贾云集、人声嘈杂的繁忙景象，给人留下难以磨灭的印象。

吴秋辉写日常生活中的临清也十分传神。写与友人同游："纱窗风定渐黄昏，携手同游笑语温。人面映花花映月，此情此景最销魂。"写雨过天晴外出散步："宵来微雨过，庭户留残响。早起快新霁，出郭旷游赏。连山荞麦翻，夹道莓苔长。溪尽不逢人，路转忽通杖。迎风一鸟鸣，冲水孤帆上。林花落更稀，乳燕飞还强。"写夕阳西下时的所见所闻："落日犹余半塔，炊烟渐起遥村。犬吠谁家深巷，人归何处柴门。月底流萤暗度，雨余群蛙怒鸣。池荷自饶清意，檐竹时作秋声。"品读这些诗句，仿佛一幅幅美妙的生活风俗画展现在眼前，令人过目难忘。

笔者翻看过《临清县志》，品读过赞颂临清的诗文，印象中，觉得吴秋辉笔下的临清写得最为新颖别致、隽永深沉，有独到之处。我想，这也没有什么奇怪的，古往今来谁又能赶上吴秋辉的才气呢。

（原载 2018 年 9 月 1 日《联合日报》）

吴秋辉与书法

我国的汉字，由甲骨文、金文而篆书、隶书，进而楷书、行书、草书，一步步演变而来，其"象形之美、结构之美、意蕴之美、音韵之美独步世界"（2017年11月21日《齐鲁晚报》杜浩《今天我们还要一手好字吗》）。用毛笔把汉字的美书写出来，并写得有个性、有特点、有韵味，即为书法。而书法是我国独特的一种传统艺术。

吴秋辉不仅是学养深厚的国学大师，同时也是一位杰出的书法家。吴秋辉喜欢古文字，对古文字赞赏有加。他曾说："文字愈古，斯其象形也愈工，今传世古龟板，其象形之佳妙者，直远过于图画。以图画仅写其形，而文字则以简单之笔画追摄其神也。"（《说经》169页）他的古文字学造诣很高，在写给梁启超的信中自谦地说："华于古文，幸少有偏嗜，粗能窥其崖略。"他曾手书甲骨文、金文等文献，题名《古文字》，计有线装五册。其中他手录的一段金文文献："取虑二字商铸盘用朕、之丽女只子孙永宝用。"结体谨严匀称端雅，字形大小到位，点画提按使转细腻，运笔自然取意，毫不做作，既有古代铭文那种浑厚静穆安详的凝重感，又有清新活泼的韵味，字里行间蕴含着深厚的学识素养。

吴秋辉对篆书与隶书也有自己独特的看法。他说："篆书之名，古所未有，自李斯奏同文字，乃即古文改订之，作为篆书。篆本当作椽，椽者当时官吏之通称，椽书犹今人之言官书也。官书须用正字，于实用上颇感烦难，于是乃更即官书大加省减之，作为隶书。隶者当时贱者之称，隶书犹今人之言俗书也。

篆隶之称，实各即其用而言。篆书乃书之正体，而不便于俗。隶书简易，而士大夫羞言之，且迹近不庄，不可以施于简牍。故隶书虽始于秦，而终秦之世，金文碑版，始无一不作篆书。又其时人之欲学为吏者，尤必以讽诵篆书为首务，盖为吏则必须治官书也。自时厥后，人多狃于隶书之便，一切皆改用隶书……又久之而官书亦改用隶书。"（《文存》54 页）随后他又说："自汉以来，篆书已废置不用，惟初试为吏时一讽诵之，故篆书之传讹特甚。"（《文存》55 页）这就是说，汉朝人所写的篆书就不那么标准了，往往"故意屈曲，回旋作势"，"以取姿媚"，实则多出臆造。所以，我们今天要学写篆书，应以秦篆为本。

吴秋辉生于清朝光绪初年，即公元 1877 年，8 岁入私塾读书。那时候的教育，受科举考试的影响，把书法摆在一个很重要的地位，当作一件大事。读书人都要苦练书法，穷尽精力，追求书法的甜美方正，以取悦考官，以至于将书法变成一种僵化的馆阁体，毫无生气可言。吴秋辉"少无适俗之韵，束发受书，即不甚以功名为念。故在塾时，酷喜词章，而于八比转所不习。"（《致梁任公书》）所以他的书法并未受当时风气之影响，表现出与众不同的书法艺术追求。

纵观吴秋辉遗存的大量手稿，其楷书远绍晋唐，典雅清新，又有南北朝碑版、墓志的气韵，结体略偏，这在折笔与捺脚处尤为明显。其行书行草兼杂，笔迹俊朗，写得收放自如，姿态横生，潇洒风流，又平实有力，无妍美之俗。点画遒劲浑厚，有唐朝颜鲁公之大气。细细品味，字里行间充溢着秀雅、率真、清正的气息，一股书卷气扑面而来。

现代学者评说吴秋辉及其著述

吴秋辉遗对孟子、荀子、许慎、朱熹乃至清末民初的俞樾、章太炎、戴震、崔述等前贤都有或褒或贬的评说，其评论简明精到，一针见血，足以为不刊之论。可见其学力、识力之深厚。这一点亦为同时代之学者所认同，凡是与他有过接触、交往，读过他的著作，听过他的高谈阔论的现代学者，都对他赞赏有加。

吴秋辉在与康有为的通信中，曾与之探讨《尚书》的真伪问题，康有为在其复信中曾说："承惠书谈经，空谷足音，闻似人者而喜，不意大乱尚有其人抱遗经而究终始也，欢喜不任。"又说："足下真好学深思之士也，于今诚不可多得也。"看得出，康有为对吴秋辉深入研究经典，好学而深思，是赞许的。

1926年10月9日，吴秋辉在学生的劝说催促下，给梁启超写了一封长信，讲述自己的治学历程，并附寄了自己的部分著作。想不到4天之后即收到梁启超的回信。梁启超在信中说："记甲子（1924年）春夏间，在都中师范大学讲学，有一学生赠我以《学文溯源》一册，归而读之，字字莫逆于心，欢喜踊跃，得未曾有。"接着，他又述说看过吴秋辉的信及附寄的著作之后的感受："先生识力横绝一世，而所凭借之工具极笃实，二千年学术大革命事业，决能成就。"随后，他还决定聘请吴秋辉为清华大学国学研究院导师。可以说，梁启超是吴秋辉的知己。

吴秋辉写《周公封鲁考》一文，发前人之所未发，认为周公始封，乃在河南之鲁阳（鲁山之阳），绝非远地（奄国）之曲阜。1922年10月，胡适来济南参加教育会议，他在日记中写道："席后闲谈甚久；于丹绂（明信）说，此间有一位吴秋辉先生，说周公封于鲁，不是曲阜，乃是河南的鲁山附近，他有金石可证。此说与我相合，当访问此君一谈。"胡适将吴秋辉引为同道，二人是否晤谈，不得而知。1924年，胡适来济南讲《诗经》，动静颇大。对《诗经》深有研究的吴秋辉得知后，悄然来到胡适下榻的津浦大旅馆，与其坦率交流。两个小时后，吴秋辉辞出，胡适立即嘱旅馆订回程车票，取消了演讲，个中原因不言而喻。（以上文字引自魏敬群《国学怪才吴秋辉》）从此节史实我想到，胡适1922年10月济南之行，应该是和吴秋辉面谈过的，相互之间是了解的。也正因此，1924年胡适再来济南讲《诗经》，吴秋辉才会去面见并坦率交流，胡适才会果断取消演讲。由此不难看出，胡适对吴秋辉的学问是佩服的。

著名史学家顾颉刚，1931年5月9日率燕京大学国学研究所6人旅行团来济南，住齐鲁大学，他夜观齐鲁大学出版物，见有此间旧教员吴秋辉先生文字数篇，考古书古史及古文字甚精密，因录入笔记。"维华（张维华，顾颉刚旧友）告我，此人负才兀傲，坎坷一生，于前几年病没矣。闻之怅然。"（顾颉刚《辛未访古日记》）可见其惺惺相惜之心。新中国成立后，解子义（吴秋辉弟子）曾将吴秋辉所写《商代迁都始末考》一文呈顾颉刚审阅，顾颉刚看后甚佩卓见，认为有独到见解，对古史研究有贡献。

曾任国家图书馆馆长的著名学者任继愈，2008年4月在为吴秋辉所著《侘傺轩说经》一书所写序言中说："吴秋辉先生生逢民国北洋政府时期，社会动乱，军阀连年混战。在战乱的间隙中，他以辛勤的努力，卓越的才华，写下了几十种开创性的学术著作。"并说这些著作"充分利用古文字，古器物的铭文，以及民俗学社会学多方面资料，调动多学科文献原始资料综合对勘，千百年来不少陈陈相因的误解的滞碍，得以冰释……吴先生把此法推广到说经，给后人开通了一条治经讲史新路。"任继愈充分肯定了吴秋辉的学术成就，其评价十分中肯，有深度，有高度。

《侘傺轩文存》正式出版之前，1985年曾请社科院历史研究所研究员张政烺审阅，他看后曾说："吴秋辉先生的生平事迹，我在张默生写的《异行传》中见过。吴氏的著作《学文溯源》《学文溯源续编》我都买过、读过，研究甲骨文颇有见解，时在民国初年，在甲骨专业中是先进者。"后来又请他审阅《侘傺轩说经》一书，他复函说："这部稿子我仔细看过。研究《诗经》，运用古文字学（主要是金文）、声韵学、训诂学（主要讲假借）解释《诗经》中的疑难字句，以说明诗旨，很有创见。"他还致信山东齐鲁书社："我愿意负责介绍给贵社出版。"看得出，张政烺对吴秋辉的遗著是欣赏的，其评价甚高。

吴秋辉所著《学文溯源》共五卷，前三卷于1922年由济南滋文石印局石印发行，山东著名学者王石朋与学识渊博的书画家王泽同分别为之写序。王石朋在序言中说："吾友临清吴子秋辉，奇才也。始工词章，继耽科学，近复究心于古龟金文字，而一以归宿于经术。今年夏初，归自京师，被酒告余曰：'中国文化，至战国而破产，沉沉二千余年，世实无知者。余将为之开一新纪元；而对于秦以后之旧学，起一大革命'。"他盛赞吴秋辉："先生说经，义理考据，皆高出前人之上。"王泽同在序言中说："余与秋辉吴子交最久，其为人脱落无城府。工词章，精科学，洞悉中外各国时势，意气纵横，不可一世。"两个老朋友，知根知底，评价恰如其分。

四川大学中文系教授、庄子研究专家张默生，曾任山东大学教授、山东博物馆馆长、墨子研究专家栾调甫，二人青年时代同在齐鲁大学任教，与吴秋辉交往甚多，相知颇深。张默生曾写过一篇题为《现代学术界怪杰吴秋辉先生》的长文，为后人留下有关吴秋辉的许多宝贵资料。他在此文中曾写道："由认识往访。而听他说古道今，而见他更多的著作，才知道这位先生果然是了不起的人物。"他还写道："他学问上的造诣，也是非常奇特，奇特到前无古人，后无来者。""吴老说《诗》，千言万语，没有穷尽，语语惊人，往往使确守汉宋注疏的先生们，箝口而不能言，舌举而不能下。"栾调甫初见吴秋辉的时候，并不觉得怎样，半年以后，才感到吴秋辉的治学精神和他的一切见地，是中国学术界的一种奇迹。栾调甫收藏吴秋辉批注的俞樾所著《群经平议》一册，1935年3月19日他在该书上题跋："此亡友吴秋辉手批《群经平议》残册一本，为吴所遗者。曲园经学本非当行，其于乾嘉考据亦无门径，独好著书，以动当世，怪说支离，无可省览。尤以高邮（即王念孙、王引之父子）标榜，真所谓画虎适成狗也。吴君不喜乾嘉汉学，犹恶惠戴（即惠栋、戴震），宜其痛诋老曲也。"这个题跋，显见栾调甫是支持、赞成吴秋辉痛批俞樾的。

　　南京博物院研究员、著名古文字古器物学家、文物鉴定专家王敦化，学生时代就读于齐鲁大学中文系，师从吴秋辉，一生对恩师感情很深。"文革"中宁肯将自己的丰富收藏，包括乃祖遗赠的精装《圣经》在内的大批古旧图书付之一炬，也不忍使恩师的讲义丝毫有损。1984年秋仲，张树材赴南京拜访王敦化，并记录在案。他写道："王老是年已八十又四高龄，然身体健壮，精神矍铄，思想敏捷，谈锋犀利。既知先师后人来访，极致热诚。竟日与我讲述先外祖生前种种，侃侃而谈，如数家珍，自朝伊夕，略无倦容，龚奉仪师母屡催稍事休息，亦不予置顾。先后历时两日，意犹不尽……至于王老对先外祖的评价，盛赞先师乃'旷世奇才'，'学识之博大精深，为一生所仅见'，'治学数十年，遍视古今人物，可断言，前无古人，后无来者'。尤其对《诗经》的研究见解，'绝无伦比，非常人所可企及'。临别一再重嘱：'吴老师遗作，是我国古文化中罕见的瑰宝，这份中华民族的宝贵文化遗产，务须竭尽全力收集齐全，珍重保存，以俟日后发扬光大。'"（以上引文见张树材《先外祖吴秋辉先生逸事补》）王敦化这位知名海内外的学者对恩师的景仰尊崇，令人十分感动。

　　当然，还有一些现代学者，比如已故著名史学家傅斯年、西南师范大学教授刘又辛等，也曾评说过吴秋辉，恕不一一陈述了。上面所述现代学者的评说，如能对读者了解吴秋辉的为人为学有所帮助，有所裨益，吾愿足矣。

吴秋辉年谱

1877 年农历 8 月 9 日

生于山东省临清市考棚街吴氏老宅大西屋，是岁生肖属牛，故祖父赐名"大壮"。第二年，感染麻疹，未愈，误食蚕豆，引发眼疾，致左眼盲。

1884 年（七岁）

进私塾读书。稍通文字，即喜读诗词、小说，不肯学为时文。

1890 年（十三岁）

族人欺其家中无长丁应门，欲蚕食其家产而兴讼。吴秋辉因年小，无计入衙抗辩，乃伺于道，候知县出行，拦轿陈辞。知县讶其才情，善慰之，并严斥族人，决以日后永不得兴讼。

1893 年（十六岁）

应童子试，未中。

1894 年（十七岁）

卧病废学，始涉及时文。

1895 年（十八岁）

入学食饩，是为廪生。

1896 年（十九岁）

任临清运河钞关书办，曾到下辖的多个税局查看工作，并有诗作。

1897 年（二十岁）

与好友杨秋屏赴济南应乡试，皆不中。

1901 年（二十四岁）

考取济南优级师范学堂数理部，习科学 8 年。著有通俗读物《算法正宗》《算法易解》两本书稿。

1904 年（二十七岁）

读三年级时，因见报端披露一日本人盗买山东济宁州武梁祠画像石刻一事，与同班同学曹学海、王士楷联名给当时的抚帅大人写信，请求"持法彻究并妥筹善后办法"。

1910 年（三十三岁）

优级师范学堂毕业。曾考取赴日官费留学生，因提学司见他盲一目，有碍国际观瞻，遂取消其留学生资格。于是，回故乡办教育两年。

1913 年（三十六岁）

是年《齐民报》创刊，吴秋辉应聘为该报主笔，直至 1915 年停刊。

1914 年（三十七岁）

著《思旧录》，现仅存序言与两行正文。

1915 年（三十八岁）

照有一张站立全身照片，目前所知是唯一留影。

1916 年（三十九岁）

因见时事日非，遂抱消极主义，日以诗酒自放。其时租居于济南"南门里之行窝"，直至 1919 年。后期开始研究《楚辞》和《诗经》，著《楚辞正误》书稿。

1919 年（四十二岁）

应朋友之约，赴北平游居绒线胡同寓所，充京兆尹秘书，并任《民意报》主笔。其间公余乃抽绎群经，著有《齐鲁方言存古》，《檀弓纠谬》，《学海绀珠》卷二，《佗傺轩说经》卷一、卷二、卷三、卷四、卷五、卷六、卷七、卷八、卷九、卷十、卷十一、卷十二、卷十三、卷十四、卷十五、卷十六、卷十七、卷十八、卷十九、卷二十、卷二十一、卷二十二、卷二十三、卷二十四、卷二十五，《学文溯源》卷一、卷二、卷三，《读庄谩志》等书稿。在北平旅居三年。

1922 年（四十五岁）

从北平回到济南，租居大石仓吉陞公寓，直至 1924 年。其间著有《侘傺轩说经》卷二十七、卷二十八、卷三十、卷三十一，《学海绀珠》卷三、卷四、卷五，《学文溯源》卷四、卷五等书稿。

1924 年（四十七岁）

齐鲁大学山东国学研究社成立，应聘讲授经学，同时应聘兼任山东省第一师范文史专科教员。其间著有《周易考略》，《中国文字正变源流考》，《破屋宾谈》，《学海绀珠》卷六、卷七、卷八、卷九、卷十、卷十一，《学海绀珠甲子孟冬卷》、《侘傺轩说经》卷三十三等书稿。

1925 年（四十八岁）

康有为来济南为学界讲经，讲稿见诸报端，吴秋辉立即予以批驳，二人展开笔战。同时二人还有探讨经学的书信往来，如《与康南海论〈尚书〉真伪书》（附答书）、《再致康南海书》等。其间著有《学海绀珠乙丑孟冬中浣卷》《说幽》等书稿。

1926 年（四十九岁）

这一年著有《侘傺轩说经》卷八、《学海绀珠丙寅八月望日卷》、《学海绀珠丙寅十一月八日卷》、《中国石刻考》、《姓氏名字号谥源流考》、《商代迁都始末考》等书稿。这一年的 10 月 9 日，吴秋辉致信梁启超，四天后即收到梁的回信。同年 11 月 8 日吴秋辉再致信梁启超。随后，清华大学国学研究院决定聘吴秋辉为导师，并派研究生兰文征等来济南敦促吴早日命驾。惜此时吴感冒风寒，积久渐剧。

1927 年（五十岁）

这一年的 3 月 20 日是恩师傅绍虞的 80 寿辰，吴秋辉为老人写了一首祝寿诗。其后，病势越来越重，于农历 5 月 28 日在济南西更道寓所逝世。

后 记

现在呈现在读者面前的这本有关国学大师吴秋辉的小册子，是我用三年时间勉力写成的。吴秋辉致力研究先秦典籍，研究古史、古文字，继承绝学，其学问博大精深。我学识浅陋，实难窥其堂奥。那怎么又大胆评说起吴秋辉来了呢？

说起来有点偶然。2016年春末夏初，拙作《岁影拾零》印行后，自我感觉体力和精力尚可，并不想就此搁笔；可再写点什么呢？苦思冥想许久，脑子里仍然空空如也。难为无米之炊，闲来无事乱翻书，翻来翻去，便翻到一本《临清地方史志》不定期刊物（1985年第二期），内中刊有一篇题为《"怪杰"吴桂华》的文章，并有附录两篇，一为《致梁任公书》，一为《梁任公复书》。读后大为惊奇，想不到临清竟还有这样一位了不起的学者。为了进一步了解吴秋辉其人其事，我请市政协机关的王明波同志提供资料，也请居住在西安的吴秋辉外孙女张东蕙女士介绍情况，还从网上购置了齐鲁书社出版的吴秋辉遗著《侘傺轩文存》和《侘傺轩说经》。当我将搜寻到的资料和吴秋辉的两本大作一一读过，心灵为之震动不已。梁启超称颂他"识力横绝一世"，南京博物院研究员王敦化则盛赞说："治学数十年，遍视古今人物，可断言，前无古人，后无来者。"其评价之高，是我没有想到的。吴秋辉的著作立论高远，总是旁求博征，得其真谛，或推翻古人成案，或破解多年疑案，使千百年来不少陈陈相因的误解得以涣然冰释。如此卓越的才识也是我没有想到的。我为之感动不已。吴秋辉短短五十岁寿命，又偏安山东，囿于一隅，加之穷困潦倒，活着时文稿未能出版，死后七十年才得以陆续印行，这种种原因，使他名声不显，时人不识。我想到，自己作为一个临清籍的读书人，向世人做些介绍、宣传，责无旁贷。为了这份感动，也为了这份责任，我不顾自己才疏学浅，决心写点有关吴秋辉的文字。

写点什么呢？评论吴秋辉治经的高下得失，非我所能，难以下笔；写吴秋辉传记，资料又少得可怜，且很不系统，难以连缀成篇。吴秋辉的外孙张树材先生曾想为其编辑一本编年体传记，也因所获资料得不出一个具体而完整的概念，只得作罢。我思前想后，决定一边阅读资料和吴秋辉著作，一边摘记，每有心动，便立即构思、联想，选择一个角度，拟定一个题目，匆匆写出初稿，然后反复修改。算下来，从看书、摘记、构思到写作，我每写成一篇两千字左右的文章，大体总要一个多月的时间。好在我退休在家，有充足的时间。这样的写作，事前没有规划，想到什么写什么，什么材料凑手写什么，比如朋友为我从山东省图书馆复印了吴秋辉的诗稿，随后我便写出《吴秋辉诗赞济南》《吴秋辉笔下的临清》《吴秋辉的乡愁》等文稿，吴家后人送给我一份回忆录，我便借以写出《吴秋辉故居》，看吴著反复说起不求甚解之事，我便摘抄下来，写了《吴秋辉说不求甚解》，如此等等，完全没有系统，没有章程。这样一来，前后所写之文字，难免有重复之处，敬希读者见谅。书中这些文章，仅是我的一孔之见，一得之愚，若能借以引起专家学者、行家里手研究吴秋辉的兴趣，把先生的学术成果发扬光大，我就感到心满意足了。

退休后，我不忘初心，写了4本散文随笔集。始料未及的是，第一本写的是名满天下的季羡林先生，而最后一本写的则是前无古人的伟大学者吴秋辉先生。他们都是从临清走出的学界大师，是临清"人杰"，是临清人的骄傲。或许是命运之神特别眷顾我，给了我这样好的一个机会，让我将两位先生的道德文章，通过自己的所见所闻，所感所悟，诉诸笔端，表达出对他们的崇敬之情。说实话，我内心是颇有点自豪的。

四本散文集中的所有文稿，皆由女儿桂君打印并电邮给有关报刊及友人，为此她付出了不少心血。有位朋友开玩笑说："您这闺女都快成了您的秘书了。"我也笑着说："岂止是秘书，还是马家一大家子人的秘书长哩。大事小情，她都尽心尽力。"这是实情，也是我的心里话。

临清市政协机关王明波同志大力支持我写作这本小册子，将他搜寻积累的有关吴秋辉的资料通过微信全部发给了我。西安的张东蕙女士经常通过微信给我发送一些珍贵资料，还应我的请求为本书写了序言。临清文博专家马鲁奎先生审阅书稿时提出不少好的意见和建议。《联合日报》编辑杨帆同志打破常规编选我的文稿，使其大半见诸报端。在此我一并表示衷心感谢。

书稿写完后，曾有一面之缘的山东中国文学艺术博物馆馆长徐国卫先生主动表示要帮我向出版社推荐初稿；临清市委宣传部副部长井扬同志也一再表示，书稿宣扬临清名人，市里要负责编辑出版；临清海山集团老总李忠厚先生则主动表示要出资印行我的书稿，我怀抱着很大的希望。虽然最终未能如愿，但我对三位先生的热心相助，是心存感激的。其间，山东大学刘迎秋博士在撰写有关吴秋辉的生平及其学术研究的博士论文，与我常有交流，并对拙作多有赞许，最近还写来一篇热情洋溢的书序，我十分感动，衷心感谢。

好事多磨。几经波折，书稿在老同学王克玉的关照下，终于由济南市出版社编辑出版了。克玉是我初中、高中、大学同学，多年来，曾给予我多方面的帮助，我特别感激。济南出版社田俊林社长，责任编辑范玉峰、董傲囡、尹海洋同志，美术编辑陈致宇同志为此书的面世付出了很多心血，在此一并向他们表示诚挚的谢意。

书中不当之处，敬请读者批评指正。

2022 年 7 月 25 日